觅得

幸福力四叶草

多视角下教师幸福力的探索

苏国庆　等◎著

本书作者名单（排名不分先后）：

苏国庆　卢晓雯　蔡暖洁　张　燕　冯念茵　漆佳琪

夏　霞　杨　洁　程金凤　罗巧娴　阮嘉雯　吴家钊

韦润兴　吴立国　张文英

安徽师范大学出版社

ANHUI NORMAL UNIVERSITY PRESS

·芜湖·

图书在版编目（CIP）数据

觅得幸福力四叶草：多视角下教师幸福力的探索 / 苏国庆等著 . -- 芜湖：安徽师范大学出版社，2025. 2. -- ISBN 978-7-5676-7219-2

Ⅰ. G451

中国国家版本馆 CIP 数据核字第 2025KR3546 号

觅得幸福力四叶草：多视角下教师幸福力的探索　　　　　　　苏国庆 等◎著

责任编辑：潘　安

装帧设计：张　玲　汤彬彬　　责任印制：桑国磊

出版发行：安徽师范大学出版社

　　　　　芜湖市北京中路2号安徽师范大学赭山校区

网　　址：https://press.ahnu.edu.cn

发 行 部：0553-3883578　5910327　5910310（传真）

印　　刷：苏州市古得堡数码印刷有限公司

版　　次：2025年2月第1版

印　　次：2025年2月第1次印刷

规　　格：700 mm×1000 mm　1/16

印　　张：16

字　　数：230千字

书　　号：978-7-5676-7219-2

定　　价：64.00元

凡发现图书有质量问题，请与我社联系（联系电话：0553-5910315）

序

一个好的教育故事就是一条好的教育隐喻。

在这本充满教育智慧与生命温度的书中，我们见证了一段不平凡的教师成长之旅——从一位优秀教师到一群优秀教师的蝶变。在名班主任工作室主持人苏国庆老师的引领下，工作室致力于教师的发展，带领团队专注于幸福力的研究。团队成员认真履行岗位职责，组织丰富的班级活动，让教室成为充满生长气息和体验职业幸福感的重要场所。

这是一群会讲故事的优秀教师，他们以叙事的方式，探索幸福力对于获得职业幸福感的重要作用。每个故事让读者不仅看到一个优秀教师的教育实践探索过程，更为重要的是能从中感悟教育理念、收获教育智慧与方法策略。

教师的专业成长，犹如种子萌发，需要历经从模仿到创新、从理念更新到行为改进、从实践反思到思维与精神飞跃的过程，每一次转变都是一次心灵的洗礼。

这本书尝试从提升教师幸福力以及促进班主任专业发展视角，多维度地呈现工作室成员的专业成长与实践反思历程,真实再现学习型班主任、行动型班主任和研究型班主任的生命样态和幸福成长。

书中叙述了15位教师的教育故事,他们的教龄长短不同、岗位角色不同,但是追求的目标和行走的方式是一致的。他们都有着共同的教育理想和追求,坚持立德树人、为人师表,努力做到眼中有人、心中有爱,促进学生德、智、体、美、劳全面发展,让每个生命都能绽放独特的光彩。他们对知识不懈追求,始终保持求知欲和好奇心,积极推进课堂教学和班级管理改革。他们立足终身学习,不断提升自身专业技能,通过团队合作,打造教育好生态……这种积极向上的力量,正是源于教师们拥有丰盈的内心和追求幸福的力量。

"讲述我们的育人故事或教育故事",不仅是教师经验的积累,也是优秀教师的人文精神与思维品质的体现。

本书以四个教师群体——学校管理层、班主任、学科教师、跨领域或跨专业发展的教师作为叙事线索,恰似四面镜子,映照出小学教师群体的专业面貌。小学教师要适应新时代需要,要做"四有"好教师,弘扬教育家精神,尤其是班主任,要积极推进家校社协同育人,要做家庭教育指导师,要成为科研型班主任,更要有敢于挑战自我的勇气和能力,具备跨界思维和大局意识。

在"弘扬教育家精神,做时代大先生"的背景下,本书结合积极心理学研究成果,提出教师幸福力由规范力、和解力、研究力、健康力这4种职业核心力量构成,基于不同岗位和不同角色定位,形成8个着力点,将抽象的幸福力具象化,力图让每一位读者都能从中找到共鸣与启发。

写作本书的目的,是弘扬教育家精神,做好时代大先生。教育故事的讲述能够以小见大,从细微处彰显育人的意义与价值。每个故事,都蕴含着深厚的教育情怀和丰富的育人智慧。

这本书是一曲教师幸福力的赞歌,它唱响了教师工作的愉悦感、学习的成就感以及发展的使命感。从生存到生活,再到生命,教师们在人文精神的滋养下成长，将生命的责任与崇高、反思与自觉，融入日常的教育实践中，传递出生命的力量与价值。

这本书是教师幸福力的觉醒与绽放。从教师心理积极建设开始，它提醒我们，教师的幸福感源于对生命的尊重与理解，对教育的热爱与执着，要做一位通人性、善研究、受学生喜爱的教师，让教育之光照亮每一个角落，让幸福之花在教育的田野上绽放。

让我们一起翻开这本书，跟随15位教师的脚步，感受教育的力量，体验成长的喜悦，探索幸福的真谛，共同书写属于教育者的幸福完整的教育生活。

工作室导师、广东第二师范学院教授　高慎英

2024年8月

前　言

教师的幸福力
从哪里来

你为什么选择当教师？我还记得当初选择当教师的原因：在校园里有不一样的学生，每天都会发生不一样的事情，教不一样的内容，也包括不一样的挑战。

多年以后察觉到，这个"不一样"就是新的意思。教师的劳动是一种充满活力、高度创造性的劳动。教育的每一天都是新的，如果教师能用积极的态度看学校、看学生、看生活，并且积极行动起来寻找快乐，就会对周围的世界常保持新鲜感，就会使单调重复的工作和生活变得丰富多彩，就会把平淡无奇的日子过得有滋有味。

一位快乐的教师，一定是一个心理健康的教师。他或她会把每一次接班都看成一次新旅程，把每一个挑战看成一次探险，把每一节课都会看得像毕业实习课那样新鲜有趣，那么你看到的每一个学生，都是独一无二的，每一个学生都有长处和短处，教师要做的是扬长"纳"短。心理健康是教师素质的核心要素，是教师整体素质提高和教育教学质量的基础和保障，也是教师培养学生健康心理的必要前提。

一位优良的教师，除需具备丰富的专业知识、精熟的教学技巧外，更重要的是需有健全的人格与健康的心理状态。因为，只有心理健康的教师，才能通过教育过程影响学生，进而培养出身心健康、人格健全的学生，造就未来的良好公民，以实现教育的终极目标——幸福。正如亚里士多德所言：幸福是生命的目的和含义，是人们生存的最终目标和终点。

教师，有人比喻为唯一与学生没有血缘关系，却愿意因学生进步而开心，因学生退步而着急的那个人，即学生生命中的"重要他人"。在日复一日的相处中，教师的一言一行，都如同春雨般滋润着学生的心田，潜移默化中塑造着他们的人格和世界观。

教师，是连接过去与未来的桥梁，是传统文化的守护者，也是满足现代社会需求与建设未来理想社会的奠基人。教师的品质，直接决定了教育的品质。没有优秀的教师，就像没有种子的土壤，难以长出茁壮的树木。

然而，时代在变，社会在变，教师的角色也在悄然变化。随着社会的飞速发展，价值观的多元化，公平与平等意识的觉醒，以及大众知识水平的提升，教师的角色不再单一，他们既是学生学习的指导者，也是行为的模范，是心理健康的辅导者、班集体的领导者，还是教育科研的探索者。面对着繁重的教学任务、层出不穷的教育问题，教师们如同超人一般，用尽全力去应对每一个挑战。

但超人也有累的时候。社会的高期望、家长的干预、教育行政部门的高标准，以及学校教育中的种种不确定因素，让教师的工作压力很大。他们不仅要应对繁重的教学任务，还要处理各种教育难题，这不仅消耗了他们的体力，更对他们的心理造成了巨大的压力。在这样的情势下，教师们很难在工作中找到满足感和成就感，甚至会感到疲惫不堪，产生职业倦怠。

教师角色与心理健康，成为时代教育的新挑战。

教师，他们也是普通人，会经历各种心理挑战，但因为工作的特殊性，他们的影响范围更广，深度更深，因此，教师的心理健康问题不容小觑。在这个充满挑战的时代,我们不仅要关注教师的专业成长,更要关心他们的心理健康,为他们提供必要的支持和帮助,让他们在教育的道路上,既能成为学生的灯塔,也能成为自己心灵的港湾。

学做一名身心健康的快乐幸福的教师吧!

近年来,从马丁·塞利格曼的《真实的幸福》《持久的幸福》到泰勒·本-沙哈尔博士的著作《幸福的方法》;从清华大学王薇华教授的《幸福力》《幸福力教育》到彭凯平教授的《活出心花怒放的人生》等,都在帮助读者调整情绪状态,特别是面对生活的不确定性和挑战性时提供实用方法和策略,帮助人们活出更加积极和满足的生活。甚至还提出,幸福不仅仅是一种主观感觉,更是一种可以学习的力量,是可以通过学习、实践和心态调整逐步获得的。

泰勒·本-沙哈尔博士在其著作《幸福的方法》中,深入探讨了幸福的本质,指出幸福不仅是瞬间的快乐,更是一种结合了个人意义和深层满足感的综合体验。在书中,他将人生的追求模式分为四类。其中,忙碌奔波型、享乐主义型和虚无主义型被归为不幸福的生活方式,这三种生活方式分别以牺牲当下的快乐去追求未来目标、无节制地追求即时满足和对生活失去希望为特征,这些模式都无法带来真正的幸福。真正的幸福,沙哈尔博士认为,体现在"感悟幸福型"的生活方式中,这是一种既能享受当下的喜悦,又能为未来的满意生活奠定基础的状态。在感悟幸福型的生活中,个体能够全然投入,发现生活中的小确幸,同时追求个人的使命和潜能的实现。这种幸福观超越了物质的追求,强调了生命的核心价值和意义,倡导通过积极的行动和态度,创造充满喜悦和满足感的人生旅程。

教师如何能在埋头苦干的、清清白白的无数个日子里感受到幸福呢?如何在疲于应付、行走方式单一的常态工作方式下提升幸福力呢?如何实现向过一种幸福完整的教育生活出发呢?

幸福不等于没有挫折,不等于没有痛苦,幸福等于快乐与意义的结合,它不仅体现在生命中的某些时刻,而且贯穿于整个人生过程。幸福的人能够在自己觉得有意义的生活方式中找到快乐，即使在面对困难和挑战时，或挫折与痛苦时，也能保持积极向上的生活态度。

积极的态度能让我们有积极的情绪和积极的语言。幸福并非持续的高涨情绪，而是能够在生活的起伏中保持内心的平和与喜悦。即使在经历失败或失去时，会以一种更加成熟和深刻的方式体验悲伤，同时，从这些经历中学习和成长，从而更加珍惜生活中的每一个瞬间。

在这一过程中，个体能够不断探索自我，实现个人潜能，与他人建立深厚的关系，为社会作出贡献，最终实现个人与社会的和谐共存。我们可以把这个解释与"感悟幸福型"的生活方式相连：快乐代表现在的美好时光，属于当下的利益；意义则来自目标，属于一种未来的利益。

幸福是一种综合了积极情绪、个人意义和生活满足感的体验。通过学习和实践，每个人都有能力提升自己的幸福感，关键就在于转变对幸福的狭隘认知，拥抱生活中的每一个当下，全然地投入生活的每一个瞬间，发现并珍惜生活中的点滴喜悦，从而达到深刻和持久的幸福状态。

如何更有效地做好教师心理健康建设呢？

我们需要建立正向积极的思维，帮助我们转变认知。

塞利格曼曾执着于思考如何最小化自己的痛苦，如何减少抑郁，如何安抚愤怒的同事等。但正是因为意识到，即使是解决了所有的问题，这一切也只是零，塞利格曼才开始改变自己的思考方式——不再执着于纠正缺点，而是开始搭建美好，不再试图让自己少一些不快乐，而是让自己捕捉到更多快乐。于是，如同心理学一样，塞利格曼也冲破了人生路上的无助和黑暗，走向了积极和幸福。

因此，我们尝试从建立在积极心理学基础上的幸福力教育入手，提升教师的幸福力。

"幸福力"概念出自《积极心理学》，即获得幸福的能力。清华大学王薇华教授在《幸福力》一书中，提出幸福力是一个人获得幸福的软实力，这一软实力是一个人的情感力、认知力、健康力、意志力、抗挫力和微笑力等多种能力的综合体现。

幸福力在教师角色上，应该展示出一种怎样的内在力量呢？这种力量从哪里来呢？

在新时代的浪潮下，教师队伍建设被赋予了更加深远的使命和更高的要求。围绕"立德树人"的教育初心，教师不仅是知识的传递者，更是学生道德成长的引路人，是社会文明进步的基石。要做到这一点，教师们需要成为"四有好老师""四个引路人"，实现"四个相统一"，以教育家的精神，争取成为"时代的大先生"。

"四有好老师"，这一理念为新时代教师队伍的建设设定了核心素养目标。它首先强调教师不仅应具备坚定的理想信念，用正确的世界观、人生观、价值观引导学生；其次，教师应有高尚的道德情操，成为学生品德的榜样；再次，扎实的学识是教师传授知识、激发学生学习兴趣的基础；最后，仁爱之心则是教育的灵魂，教师需要以爱为底色，关心、理解每一个学生，助力其全面成长。

在"四有好老师"的基础上，"四个引路人"细化了教师在学生全面发展过程中的角色和作用。教师不仅是知识的传授者，更是学生品格锤炼、学习知识、创新思维、奉献祖国的关键引路人，引导学生形成健康人格，激发其探索未知、勇于创新的潜能，以及培养对国家和社会的深厚感情和奉献精神。

"四个相统一"强调在教书和育人、言传和身教、潜心问道和关注社会、学术自由和学术规范之间达到和谐统一，这一理念为教师的教育实践提供了行为准则规范。确保教师在追求个人学术发展的同时，能够以身作则，关注社会现实，遵守学术道德，实现教育的真正价值。

2023年教师节前夕，习近平总书记致信全国优秀教师代表时勉励全国广大教师"以教育家为榜样，大力弘扬教育家精神"。习近平总书记从理想信念、道德情操、育人智慧、躬耕态度、仁爱之心、弘道追求六个方面深刻阐述了中国特有的教育家精神。强教必先强师。新时代新征程，广大教师要深刻领会教育家精神的丰富内涵,牢记为党育人、为国育才的初心和使命,自信自强、踔厉奋发,为强国建设、民族复兴作出新的更大贡献。

对照"四有好老师""四个引路人"与"四个相统一"的教育理念指导,依据"教育家精神",我们立足教育教学工作岗位,在教育实践中,从多视角下探索提升教师幸福力的主要途径。

我们尝试提出教师通过运用和提升规范力、和解力、研究力、健康力这四种职业核心力量,以"四力"为核心,在不同岗位、不同角色的教育工作中,形成八个着力点,有效提升感受幸福的力量。

规范力的内涵:教师遵循教育法规、职业伦理和"四个相统一"原则,不仅能够营造公平、公正的教育环境,确保教育活动的公正、客观和科学性,为学生树立正确的道德榜样,还能够在遵守规则的同时,感受到职业的尊严和价值,增强职业认同感。

和解力的内涵:教师需具备良好人际关系,包括处理好与自己的关系,与学生、家长、同事的关系。能够理解并尊重学生的个性差异,有效调解学生之间的矛盾,创造一个包容、尊重的学习环境;建立积极的家校关系,促进家校之间的相互理解与合作,建立和谐的师生关系,这种和谐的教育环境不仅有助于师生健康成长,还能让教师感受到团队合作的快乐和成就感。

研究力的内涵:强调教师应具备持续学习与研究的能力,不断更新知识结构,探索教育教学方法,提高教育教学效果。这包括参与教育科研项目,撰写学术论文,分享教学经验,以及运用最新的教育理论和技术创新教学模式,提高教育质量。持续的学习和教育研究不仅能够提升教师的专业技能,还能够激发其创新精神,让教师在探索和解决问题的过程中,体验到知识增长的喜悦和职业成长的满足感。

健康力的内涵:教师维护自身身心健康,保持积极心态,有效管理情绪的能力。教师的身心健康直接影响教学质量和学生的学习状态。因此,教师需注重身体锻炼，保持健康的生活习惯，同时学会心理调适，发展自己的兴趣爱好，在忙碌的工作中保持乐观和积极，从而感受到生活的美好和职业的幸福。

本书中介绍的教师，有20世纪70年代的老教师、20世纪80年代的管理层、20世纪90年代的高学历教师，年龄不同，岗位不同，但教育态度相同，工作方式都科学而有效，这是因为有着相通的核心力量。当下，教师的认知结构发生变化，由传统课程体系下的知识传授者转变为学生全面发展的指导者、促进者以及教育教学活动的研究者，更成为新知识的创造者，开始终身学习。

有了职业的核心力量，我们不仅有效履行教育职责，还成为独当一面的教育工作者，进而深刻感受到作为一名教育工作者的职业幸福感。这种幸福感不仅源于对教育事业的热爱，也源于在教育过程中实现自我价值和对社会贡献的深刻认知。

另外，团队发展也是获得幸福力的一个新赛道。工作室以"协同"的方式，把工作室作为管理的一个强有力的后盾。成员们如同一家人，由"孤勇者"到"牵手"成长，"抱团取暖"，不仅能够减轻个人的压力，还能在困难面前激发团队的创造力和解决问题的能力。在工作室里，共享、共读、共写、共生，这些"共"字头的活动，不仅促进了知识的传播和创新，还加深了团队成员之间的情感联系，营造了一个积极向上、充满活力的工作氛围，一种新关系的建立是一个美妙的过程。

这本书是我们工作室集体智慧的结晶，特别感恩导师全程悉心指导。广东第二师范学院高慎英教授以其深厚学识提升书稿的内容质量，中山实验小学张丽娟老师以丰富的实践经验给予我们宝贵的启示。我作为工作室主持人，全面统筹组稿和出版事宜，而且负责撰写了部分内容。我要衷心感激其他参与撰写的老师——卢晓雯、蔡暖洁、张燕、冯念茵、漆佳琪、夏霞、杨洁、程金凤、罗巧娴、阮嘉雯、吴家钊、韦润兴、吴立国、张文英。每一位作者都投入了大量的时间和精力，将自己的专业知识与独特视角融入文字，共同构建了这部作品的丰富内涵。

本书撰写分工如下：

苏国庆撰写《我们语文科》《科研带班，高位发展》《乐读古诗文课堂教学改革》《领航者的力量》以及前言、后记，共约7.3万字；

卢晓雯撰写《相信看见的力量》，约1万字；

蔡暖洁撰写《做有温度的德育》，约1万字；

张燕撰写《英语课堂创新廿年行动》，约1.2万字；

冯念茵撰写《划起幸福之舟》，约1.1万字；

漆佳琪撰写《我的大语文课堂》，约1万字；

夏霞撰写《家访进行时》，约1.1万字；

杨洁撰写《越过心门绽放》，约1.2万字；

程金凤撰写《我的闻是学堂》，约1万字；

罗巧娴撰写《公益路，幸福长》，约1万字；

阮嘉雯撰写《陪你走过青春路》，约1.2万字；

吴家钊撰写《接过鲜颜的红领巾》，约1.2万字；

韦润兴撰写《带多班也能做好班主任》，约1万字；

吴立国撰写《跨体制地行走》，约1.5万字；

张文英撰写《积极沟通，幸福知行》，约1.2万字。

最后，我们特别感谢安徽师范大学出版社的责任编辑，在他的鼎力支持下，本书才得以顺利出版。

在本书的撰写过程中，我们参阅了国内外专家学者的大量研究资料，引用了诸多相关研究成果，为此，我们特向原作者表示衷心的感谢。由于我们学识有限，书中难免出现疏漏之处，敬请读者批评指正。

苏国庆

2024年8月于顺德

目　录

第一编

第四编

第一编

相信看见的力量

卢晓雯

广东省佛山市顺德区云路小学

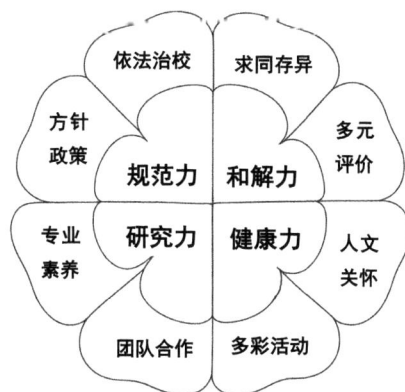

我是一名"新手"校长，从教22年的感悟，归纳一下就是：幸福是学校教育的一种终极追求，学校的教育实践都应围绕着实现人的幸福开展。教育即看见，从"看见"到"成就"，是收获与付出的幸福历程。作为校长，我对教师幸福力"四力"理解如下：

规范力：学校发展之舵。规范力体现在学校教学活动的全过程。坚持为党育人、为国育才，紧跟党的方针政策，落实立德树人根本任务。规范力还体现在依法管理。教育手段的使用不能违背教育规律，依法治校是学校各种管理手段的实质内容和核心。

和解力：求同即在共同目标下达成共识，统一思想，形成合力。学校形成鲜明的学校文化，确保教师团队朝着共同的方向努力，达到协同效应。存异即尊重个体的差异性，包括个性、能力、兴趣等方面的差异。在教育教学过程中，对师生采用多元评价，强调对人全面发展的关注与支持，看见人，教育才能发生。

健康力："学高为师，德正为范"的要求让教师职业承受着崇高的赞美，也负荷着沉重的压力。"双减"政策的出台更是呼吁全社会关注学生学习压力。站在学校管理者的角度需要关注师生的身心健康，正视教师职业角色的多元性与社会期待，看到学生的学习压力，给予师生更多的人文关怀，开展丰富的活动，增强教师的职业幸福感，让学生身心健康地成长。

研究力：指教师运用教育科研方法在教育教学中去有目的、有计划地发现问题、解决问题并探索规律的能力。学校核心生命力和竞争力是教师的研究力，以团队的力量提升教师个体的专业素养，让教师在开展教育科研的过程中，提升教育研究力，进而获得专业发展，又反哺团队，最终达成更强大的团队合力，提升学校办学水平。

遇见一场雨，感受十分爱

既然是讲教育故事，那就从一件温暖绵长的事情开始吧。从小听故事就知道，所有精彩的故事都会发生在一个不寻常的日子里……

六月的某天的清晨，六点不到，我习惯性醒来，窗外的天空仿佛被厚重的铅云压得低沉沉的，雨珠如同断了线的珠子倾泻而下，将整个世界笼罩在一片朦胧的水雾之中，看来一时三刻雨是停不下来的。早高峰遇上大雨是我最不想看到的，这种天气，不早点到校心里不踏实啊。于是迅速刷牙洗脸换好衣服，我在工作群提醒老师们注意上班路上安全，便直奔学校去了。

来到校园，绕场一圈，已经落下不少枯枝落叶，后勤正在清理。我走到校门，值班行政人员和老师已经在门口站岗了，我也撑着伞和他们一起迎接早到校的学生们。时间一分一秒在过去，雨却没有减小的迹象，校门口积水越来越多。手机一震，红色暴雨预警发布了，教育局通知上午停课。此时正值上午7：20，没有时间犹豫了，我让教导主任通过学校广播以及微信家校联系群，第一时间宣布了上午停课的决定，所有班主任到班看管已经到校的学生，做好人员出勤登记。然而，现实总是比计划更加复杂多变。尽管通知已经发出，但许多学生，在家长的陪伴或是独自的坚持下，已经踏上了去学校的路途。我的心沉下来了，匆匆赶去校门支援。

令人既惊讶又似乎理所当然的一幕呈现在我眼前：校门口当值的教师和家长义工全部就位，在值日义工队长的指挥下穿着雨衣撑着伞有条不紊地"各司其职"。他们有的在校门口设置临时避雨区，为已经到校或即将到达的学生和家长提供庇护；有的则穿梭在雨中，引导车辆有序停放，确保校园周边的交通顺畅；有的手持雨伞，为每一个从车上下来的孩子撑起了一片"晴空"。校门前已经"积水成溪"，老师们和义工们没有丝毫犹豫，他们弯下腰，把个子小的孩子一个个抱起来走到校道上再轻轻放下。汗水顺着他们的脸颊滑落，与雨水交织在一起，浸湿了他们的衣衫、鞋袜。一把把雨伞，在狂风暴雨中摇曳；一声声"早上好""谢谢"在雨声中略显微弱，但坚定的身影足以让所有人感到安心。

在这场突如其来的暴雨中，校园内没有出现混乱，一切都平静而有序，甚至隐隐弥漫着一种本该如此的幸福氛围。家校携手，共同守护了一个安全、和谐、充满爱的校园环境。

东北师范大学家庭教育研究院院长赵刚说："家长、教师和学生的关系，可以用等腰三角形做比喻：学生是顶点，家长和教师是底边的两个点。底边越长，顶点越低；底边越短，顶点越高。说明家长和教师的距离越远，学生的发展水平越低；家长和教师的距离越近，学生的发展水平越高。"作为一名校长，家校关系是管理上绕不过的道，而构建良好的家校关系的重要性无需多言。

故事讲到这里，你一定觉得我是那个幸运的校长，家校关系良好，工作顺利。答案：也是，也不是。何出此言，一切又得从另一个故事说起……

聚家长义工力，见教育之智慧

有人辞官归故里，有人星夜赴考场。别人"辞官归故里"，而我，就是被迫"星夜赴考场"的人。

这所学校修建于20世纪80年代，教学楼均由村居所在地的香港同胞及热心的乡亲们捐建，供所在村居村民子弟读书。学校占地面积12965平方米，建筑面积3938平方米，完全满足了当时当地的小学教育所需，是村办小学的典范。随着社会发展，学校所属地成为城乡接合处，户籍生锐减，周边新建学校附近的大型楼盘激增，无法完全接纳适龄户籍生，在招生政策要求下，我校接收周边学校过载的户籍生。由于学校的办学历史、办学条件的差异，还有相对地理位置的远近，家长接送不便等家校矛盾产生，家长对于孩子被分流到这所学校不免多有不满。在此情况下，距离新学期开学前两天，我"临危受命"，被派来当执行校长。

开学，对教师教学的投诉、学校午休条件不好、功能室设备老旧、教师教学成绩不突出……能想到的、不能想到的投诉一件接一件。教师对这群挑剔的家长苦不堪言，在教学活动中如履薄冰，甚至出现了因害怕"多做多出错"而索性"躺平"的现象。这些问题都需要我一一去面对、去解决。我才到学校来，根本不熟悉教师队伍的情况，如何才能尽快化解矛盾呢？

"人类教育发展到现在，一个被证明了的有效经验就是：家长参与是现代学校制度建设与管理不可或缺的一环。没有家庭教育配合的学校教育体系必定问题丛生，单就学校教育进行改革的思维方式已经不适合这个时代。"东北师范大学家庭教育研究院院长赵刚如是说。解铃还须系铃人，我必须直面问题的矛盾点：家长对学校的不信任。不信任的反面不就是信任吗？我就不信，偌大的校园里找不出对学校工作认可的贴心家长！经过一段时间的观察与思考，我决定从家长义工队长着手，寻找家校工作的突破口。

我校的家长义工队长，是一名四年级学生的家长。这位家长是一名艺术家，在学校附近经营一家画廊，热心于学校的工作。他协助学校德育处做好每周的值日班级的安排，指导值日队长进行人手分工，更为难得的是，他每天7：10到岗，风雨无阻，全校没有一个学生不认识他，都热情地称他为"画家叔叔"。

连续半个月，我都和"画家叔叔"一起站岗，彼此熟悉起来了，他终于忍不住跟我吐槽学校管理不合理的地方：义工每日值日后，制服都湿透了，又没地方换下来洗干净，得每天带回家，多麻烦！设备也不足！天天站岗，学期末连封表扬信、奖状都没有！……我乐了：就怕你不说，这些问题马上整改。我与同事一起建立家长义工工作指引及评奖制度，专门划拨场室作为家长义工办公室，购置了一批雨具等必需用品，解决了"画家叔叔"的问题。我还邀请他和其他热心家长参与学校的膳食委员会，每周一天陪学生用餐。让家长义工充分体会到学校依法治校，制度完善。令我欣慰的是，学校所做的这一切，"画家叔叔"都——记录在家长义工群，还和家长们说我是一位愿意倾听家长声音、及时解决问题的校长。就这样，在"画家叔叔"的介绍与信任下，家长义工队的家长们对我及老师们的工作越来越认可，还帮我们解决了不少其他家长对学校的质疑。由点到面再到片，家校关系在一点点地回暖升温。

故事还没有结束，好的故事必然有一个完满的结尾。

眨眼间，一个学期过去了，期末考试等级出来之后，有个别班级部分学生的某科目没有考好，有了信任危机，有些家长对于孩子的成绩太焦虑，在班级群里说了一些质疑老师的话，有学生看到了这些消息，逐渐对老师也产生了怀疑，认为自己如果在更好的老师手下成绩会更好。班级群里沸腾起来了，甚至有家长在班级群里怂恿其他家长向学校提出更换任课教师的要求。有位家长私下找我了解情况："校长，孩子成绩为什么不理想？班级情况整体怎么样？真的是老师教得不好吗？"听到这话，我倒吸一口气：家长和学生质疑老师的教学水平，这可是一个"史上最难"的家校问题！

就此，我与该科目老师进行沟通了解基本情况，这位非常负责的任课教师把接班以来班级的情况罗列出来，我发现整个班级的成绩其实是一直在进步的。于是，我首先让班主任联系该班家长义工，由家长义工担任"灭火器"的角色，——与要投诉的家长进行沟通，消除了家长的疑虑，并让级长（即年级组长）立即组织家委召开了班级家长会，与全班家长开展了一个长达3小时的沟通。以班级家长义工队牵头强调了"战线统一"的重要性，最终与家长们达成一致：面对开放的、便捷的、重要的班级家长群——遵守群规，理性发声，高效互通，建立"群公约"：

1. 对教师发布的信息只阅读，不用于聊天，不发未经证实的等与家校沟通无关的信息与言论。

2. 如家长对老师、学校管理有意见或建议的，不在群内发布，以免不明原委造成误会，可直接与老师单线进行反馈，私下沟通，问题仅限家校双方之间解决，不涉及学生。

3. 不在群内宣泄不良情绪，以免滋生班级负能量。

有关家庭与学校在儿童教育过程中的作用与相互关系，历来有很多解释。马忠虎认为，家校合作就是指对学生最具影响的两个社会结构——家庭和学校形成合力对学生进行教育，使学校在教育学生时能得到更多的来自家庭方面的支持，而家长在教育子女时也能得到更多的来自学校方面的指导。苏联教育家苏霍姆林斯基指出，若只有学校而没有家庭，或只有家庭而没有学校，都不能单独地承担起塑造人的细致、复杂的任务。家庭教育很重要，学校教育很重要，我校的班级家长义工队作为其他家长与学校、教师沟通的桥梁，朝着孩子健康成长的共同目标，在教育路上求同存异，形成良好的教育合力，助力师生的共同成长。

润己泽人，慧见成长

教师是学校最丰富、最有潜力、最有生命力的教育资源，更是学校的珍贵财富。家长对学校的信任是基于对教师的信任，而教师的专业能力则是赢得家长信任的关键所在。近两年，学校招聘了不少的青年教师，他们学历高，缺乏教学阅历，往往需要经过一段时间的传帮带或者一段时间的重点扶持与培育，因此，借助团队合作、托举教师成长的过程是一段充满挑战与收获的旅程。

为有效提高青年教师的各种教育教学实际力量，学校为青年教师量身定制发展规划，成立了教师成长营。教师成长营是一个旨在促进教师专业成长和综合素质提升的组织，核心目标包括提升教师的教学能力、教育理念、科研水平以及职业认同感等。在教师成长营里，我们强调团队合作和集体智慧的重要性。通过组建研究团队，教师们可以相互学习、相互启发，共同解决教育教学中的难题，有助于激发内在动力，促进自身快速成长。通过开展多种活动，包括但不限于专题讲座、工作坊、教学观摩、教学研讨、课题研究、写作指导等。这些活动不仅涵盖了教学技能的提升，还涉及教育理念、科研方法等多个方面，有助于教师全面提升专业素养。同时针对不同教师的成长需求和特点，教师成长营还提供个性化的指导服务。通过导师制、一对一辅导等方式，资深教师可以为青年教师提供有针对性的指导和建议，帮助他们更快地成长和进步。

小陈的成长便是年轻教师成长的缩影。初登讲台时，她怀揣着对教育的热忱和对学生的关爱。然而，面对复杂多变的教学环境和个性迥异的学生，她很快意识到，仅凭热情是不够的，现实远比想象的要复杂。面对一群性格各异的学生，她常常感到力不从心。为了准备新教师教研课，她熬夜制作了精美的PPT，但课堂上学生反应冷淡，甚至有人在下面偷偷画画。备课组评课那一刻，我明显感到她的挫败感。

我找她详谈，并且让带她的导师与她一起备课，反思教学环节，学着与学生沟通，了解学生们的需求和兴趣。将课堂知识与现实生活相结合，重新设计后再上了一次教研课。这节课学生们走进了文本，他们的眼神里闪烁着求知的光芒。小陈也开始模仿优秀教师的教学方法，逐渐成熟。

不久，街道举行青年教师能力大赛，小陈代表学校参赛。比赛分为说课和答辩两个环节。语文科组的核心团队和她一起熬了一周，拿出了说课稿，接下来就是熟记成诵，自信地展示了。还记得，比赛前两天晚上，我组织大家留下来听小陈说课。她背是背出来了，但眼神闪闪烁烁，答辩环节，我根据课程标准提出两个问题，她支支吾吾没说出什么。问她怎么没有什么状态？她回答工作很疲惫了，这两天都没有复习了。顿时我就火了，质问她："多少人围着你团团转，大家都把你的课匀下来上了，你就准备成……"话还没有说完，我在桌底下的腿被踢了一下，"科长"（指学科组长）笑着说："比赛的确很磨人，我们只是出谋划策，小陈还要理解成诵，识记那么多知识点，的确不容易。要不今晚都早点下班，好好休息，明天再做做模拟题？状态调整好了就事半功倍了。"她说话的时候，我留意到小陈眼眶里打转的泪水。那一刻我真后悔：说好的人文关怀，说好的共情老师呢？毕竟是毕业才两年的姑娘，赛前压力太大了。

第二天下午，小陈主动找到备课团队，请大家一起磨课。我悄悄给团队老师准备了茶点，一直微笑倾听小陈的说课和答辩，今天她明显语言流畅、思维敏捷多了。事后，我给她发了三个大拇指点赞，预祝她比赛顺利。两天后的比赛，宣布结果的时候我又看到了小陈眼眶里打转的泪水：一等奖！这是学校近五年最好的比赛成绩！整个科组都兴奋不已。在这个过程中，我深刻体会到团队的力量、团队合作与交流的重要性以及共同目标对激发潜能的积极作用。在教育的广阔舞台上，小陈和我都在比赛中经历着个人的成长与蜕变，自我提升与完善。我相信，在未来的日子里，这个具备专业素养的团队将会创造出更加优异的教育成绩。

适性扬才看见成长，多维发展幸福起航

在响应五育并举、"双减"的背景下，我校提出了"适性扬才，多维发展"的多元评价理念，校本课程活动化，多彩活动拓宽学生成才之路。

多年来一套以书面的纸笔测验为基本形式的考试与评价方式，长久以

来形成了一种考试文化：对学生的考核与评价，只有试卷才可信，只有分数才能衡量，从而导致许多学校片面追求成绩，忽视对学生进行心理健康、道德品质和社会责任的教育，更别说创新、实践能力的培养与提高了。如何走出唯分数论，是我一直在思考的问题。作为教育工作者，通过多元方式科学评价学生的发展状况，努力发现和挖掘每一个学生的特长和优势，帮助学生认识自我、建立自信，使学生认识到自身发展的需求，明确自己的努力方向，引导学生养成良好的行为习惯，成为我所带领的团队所要努力的方向。

多元评价档案袋的设计是一个突破点。这个多元评价档案袋是我校针对学生综合素质评价的配套资料，主要由学生在学习过程中的系列作业、评价资料和各种能证明学生健康成长以及各项成绩的资料组成。档案内容和形式主要有书法作品、得意之作、各种小报、各种创作、各种评价记录等。通过学生的成长档案，能够全面评价学生的综合素质，能够让教师、家长了解学生的成长轨迹。

多元评价档案袋的建立可以使学生在课堂上及课后的作品得以保留，使教师观察到学生的点滴进步，及时与学生交流并进行评价，树立学生的自信心，同时，也容易使家长观察到自己孩子的进步，及时进行鼓励、表扬。

例如低年级的多元评价档案袋里设计了一张评价卡，表上有多种不同的项目，针对小学生年龄特点，他们对图画、色彩感兴趣，所以此表设计成以彩色图画代替单调的文字，使抽象的字眼变得更加直观、易懂。如：此表中的耳朵表示听，倾听他人讲话；麦克风表示演唱、大胆发言等；笑脸表示赞赏的表情；眼睛表示看，即学生注意力状况，看老师、看黑板等状况；小爱心表示学生积极上台表演；画笔表示书面作业情况；大指则表示有进步。这张表在平时具体操作时，老师采取师评、互评与自评相结合的形式，表现好的时候直接给予笑脸，每月进行一次总结，看看谁得的"笑脸"最多。课堂上，老师们尽量挖掘学生的优点，让学生体会到成功的喜悦，使他们积极参与各种实践活动。教师还可以利用录音带、录像带、照片等形式为学生存档。比如：学生编排的课本剧可以用录像带存档、学生创编的诗歌可以用纸质版存档等。多元评价档案袋使学生从各个方面对自己进行反思，使他们在反思中学会管理自己的学习，真正地将"学会学习"落到实处，着眼学生的可持续发展。

"身外是张花红被，轻纱薄锦玉团儿，入口甘美，齿颊留香世上稀……"2023年4月24日晚，一首浓浓岭南韵味的经典粤曲《荔枝颂》，唱响了中央广播电视总台戏曲频道《宝贝亮相吧》栏目的舞台。带来这次精彩表演的，是来自我校的陈芊雯同学，这已经是我校粤剧曲艺班学子第二次登上央视舞台了。

我校一直坚持做好"传承传统文化，弘扬曲艺艺术"的校本课程建设，从2009年开始便成立粤剧曲艺班，从各年级发掘优秀曲艺苗子，实施普及与提高两手抓，传承粤剧这一传统艺术。从2009年成立粤剧表演班至今，我校获得粤剧表演类省级荣誉累计过百人次。2022年12月，我校被授予首批"佛山市粤剧基地"。粤剧这株"南国红豆"在校园内茁壮成长，以特色课程立校的成效正不断显现。2022年，教育部发布《义务教育课程方案和课程标准（2022年版）》，新修订的课程方案和课程标准改革了艺术课程设置，一至七年级以音乐、美术为主线，融入舞蹈、戏剧、影视等内容。在这一背景下，曲艺特色课程更加大有可为。

上午的微风里，一个个整齐的方阵，一个个跃动的身影，一张张稚嫩的脸庞喊着洪亮的号子，篮球像被施上魔法一样上下翻飞。这就是我们学校每天的必备节目，"阳光一小时"校本课程之篮球操训练。

为了使学生既锻炼了身体，又习得技能，学校的体育组和音乐组进行了多次的讨论与设计，全校师生练习篮球操。伴随着轻快的旋律，学生踏着欢快的节奏，舞动篮球，成为学校一道亮丽的风景线。篮球操结束后，便是啦啦操，如果说篮球操兼顾了律动美，啦啦操则注重韵律美。两操完毕后各班进行自由体育活动。六年级学生进行跳绳训练，五年级学生进行羽毛球和仰卧起坐训练，四年级学生进行跳绳训练，三年级学生进行乒乓球训练，一、二年级学生进行足球和篮球训练。整个校园瞬间充满欢声笑语。

"阳光一小时"校本课程的落实，使学生主动走出教室，走向大自然，走到阳光下，展现自己的活力。不仅是每天进行体育锻炼，而是要让健康和运动的理念深入同学们的内心，并使之成为学生自觉的习惯，培养学生奋发向上、顽强拼搏的意志品质，以体益智、以体育人。悄悄补充一句：我校啦啦操还荣获了2023年广东省中小学生啦啦操比赛一等奖。在"适性扬才，多维发展"的多元评价理念下，校本课程活动化，拓宽了学生的成才之路，为学生的幸福人生奠基。

结　语

名师都是从默默无闻到发光发亮的，都有一个内因外因共同起作用的过程，自身的素质和坚持不懈的努力很重要，成长的环境和土壤也很重要，校长很重要，同事很重要，学生很重要，家长也很重要。名校的养成也是如此，因此有人总结说，一个理想的学校，需要有理想的校长、理想的教师、理想的学生、理想的家长和理想的社区，缺一不可。回顾我个人的成长历程，发现的确如此。教育应是团结一切合力，以欣赏激发好奇，以鼓励培育自信，唤醒生命的内在力量，润泽生命的心灵，关注并温暖生命的整个历程。看见人，教育才能发生。相信看见的力量，看见美好，成为美好，成就美好，幸福教育形成完整闭环。

做有温度的德育

蔡暖洁

广东省佛山市顺德区桂畔小学

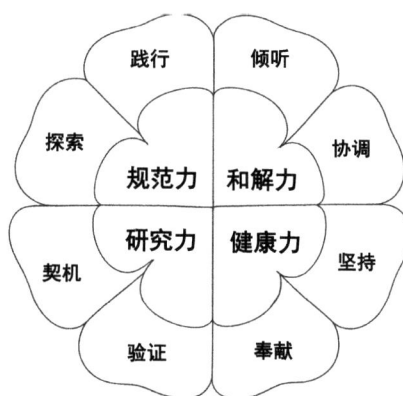

10多年时间，我从一名班主任、大队辅导员、级长，成为德育副主任、德育主任、德育副校长。我深入研究德育的工作规律，言传身教，注重德育团队协作，通过多种形式提升教师幸福力和职业幸福感。作为一名"老德育主任"，我对教师幸福力"四力"的理解如下：

规范力：德育主任要不断加强教育教学理论学习，注重学生成长规律，规范德育课程，建立德育工作体系，提高创新和学习能力，拓展创新思维方式，关注教育领域的最新动态和研究成果。德育主任需将德育政策与理念以简洁明了、通俗易懂的方式传达给师生，确保信息准确无误地传递，引导师生共同践行。

和解力：德育主任要与学生、家长、教师、学校领导、上级领导等多方面进行沟通，要具备良好的沟通能力。应善于倾听他人的意见和建议，能够清晰、准确地表达自己的观点和想法，以促进德育工作的顺利开展。德育工作者应具备出色的组织、管理和协调能力。德育管理者应善于组织和管理德育活动，确保活动的顺利进行。应能够合理调配资源，统筹各部门的分工，创造和谐的德育工作环境，提高德育工作的效率。

健康力：德育工作细致繁多，需要我们不断提高抗挫力和意志力。在面对困难和挫折时有强大的内心情感和应对能力，保持乐观、向上的态度，寻找解决问题的方法，不断从失败中学习和成长，坚持自己的信念和追求。作为德育工作者，自身要身心健康，有责任、有担当，才能将积极的情绪传染给他人。

研究力：德育主任应时刻保持学习思考、专注研究的积极态度，不断提升自己的专业素养和德育能力，在平时的教育工作中注重理论与实践相结合，关注学生实践背后的缘由，抓住教育契机对学生做到适时引导。认真研读教育专著，用理论指导日常工作，提升德育工作的有效性。

我的德育成长之路

"用最优秀的人，培养更优秀的人。"我时常用这句话鞭策自己。作为一名党员教师，我将教师这份职业作为我终身追求的事业，坚定立德树人的信心，以"四有好老师"的标准提升教书育人智慧，对学生热爱，对工作负责，对同事关怀，在三尺讲台上心甘情愿地奉献自己的青春。

回首往昔，我从一名青涩稚嫩的年轻班主任，经过层层磨炼，担任学校大队辅导员、级长，被提拔为学校德育处副主任、主任，后来经过竞岗提拔为德育副校长。一路走来，一步一个脚印，我深知，德育之路的不易与艰辛，但为着心中这份对教育事业的热爱、对德育工作的执着，我坚定脚下的步伐，大步朝前，心之向往。

在德育的赛道上，我始终坚持"德育为先"的理念，坚持"以人为本"的原则，注重"实践育人"，以学生成长和学校发展为目标，给予教师和同事以关怀，做温暖的德育，做幸福的德育，让校园里每一天都有美好的事情发生，让孩子每天都能感受到爱和尊重。

作为一名德育工作者，我用辛勤的汗水换来了认可和肯定，获得了"顺德区骨干教师"荣誉，被评为佛山市优秀辅导员、顺德区优秀辅导员、顺德区优秀教育工作者。这些荣誉不时鞭策着我，也时常鼓励我：机会总是给予有准备的人，只有努力才可能有收获。我坚持做有温度的德育，做让人感到幸福的德育，做师生喜爱的德育，让德育之花开放在每一位老师和孩子的心间。

看见温暖的力量

作为教师，我们渴望桃李满天下，学生能学有所成，对社会有所贡献。这是老师最大的成就感和幸福感。

我们教育过的学生可能数不清，也许我们无法一一记住他们的名字，但是，我们能在为人师的时光里尽己所能，教会学生心怀感恩，培养学生责任与担当，树立理想与信念，引导他们树立正确的人生观、价值观，教会学生明辨是非的能力。也许有一天学生走出校门早已忘记某些知识和技能，但是在学校培养的健全的人格、良好的品质、美好的理想和积极的人生态度将伴随他们一辈子。

在很多班级里，总有几个调皮捣蛋分子，确实给教师的工作带来不少挑战。那一年，一个"特殊班级"让所有带班老师精疲力尽：学生随意捣乱课堂纪律、同学间常闹矛盾、几个孩子经常不完成作业、班级考试成绩不理想、部分父母管教不当、亲子关系紧张……种种疑难杂症全部堆积在这个班，老师纵有三头六臂，也招架不住。年轻的班主任实在苦不堪言，将几个捣蛋分子送到我面前："主任，我真的是无计可施了，这群孩子实在让我心力交瘁啊……"

看着眼前这些孩子，我不忍心任由他们荒废学业、虚度时光，更不愿意他们被人看不起、不被尊重。我希望用我的力量帮助他们。于是，我想尽各种办法走近他们。课间时分，我走进他们的教室，单独找这些孩子谈心，我用自己的经历与他们坦诚交谈，了解他们内心的想法。对于那些上课捣蛋、下课搞破坏的孩子，我和班级的授课教师进行深入家访，了解孩子的成长环境，与父母沟通，期望父母多多陪伴孩子，多给予孩子关注和关爱。对于个别不完成作业、上课完全不在状态的孩子，我了解清楚他们不愿意学习的原因后，联系班主任和其他科任老师对他们开展辅导，让他们感受到学习的快乐和进步的自豪感。

为了改善这些孩子与家长的亲子关系，我建议班主任开展亲子活动，通过"亲子小游戏""真情告白"等，让父母和孩子打开心扉，走进彼此的内心，让孩子感受到父母的无私与伟大，理解父母的良苦用心，也让家长关注孩子的真实想法。

经过一段时间的努力，孩子们感受到学校老师、班主任和父母对他们真诚的关爱，决心改变自己，努力学习，不让父母和老师再为自己操心。

我想，这就是教育的伟大。在学生迷茫的人生路口，作为师者给予及时的点拨和帮助，给予学生温暖的关怀和力量，引导孩子树立正确的人生观。也许教师一个小小的做法，能影响一个家庭，甚至改变一个孩子的一生。

德育的幸福感

苏格拉底说，教育不是灌输，而是点燃火焰。这句话引发我无尽的思考。心中有爱，眼中有情，一直是我的教育理念。做有情怀的教师，做有温度的教育，让学生在成长的路上感受到爱与阳光，怀揣梦想，一路前行。

孩子的童年应该是快乐、充实、健康、活泼的。在与孩子相处的日子里，我时常在想，作为德育主任，我们能教会孩子什么呢？我们的德育活动能给孩子带来哪些成长呢？如何让德育更加温暖，更具人文关怀，让德育的教育效果深入人心呢？我觉得，关键在于设计与实施好主题活动。因此，我在制订学年德育工作计划时，紧紧围绕《中小学德育工作指南》要求，全面落实德育内容，包括理想信念教育、社会主义核心价值观教育、中华优秀传统文化教育、生态文明教育和心理健康教育五大方面。以这五大主题为抓手，构建德育课程体系，设计富有教育意义的主题活动，开展"感恩教育"，让学生懂得感恩父母、感恩老师、感恩社会；开展"责任担当教育"，让学生明白自己的责任，学会自律，学会担当。

我注重培养学生养成良好的道德品质，结合重要节日给学生制造一些仪式感，培养学生的感恩之心。

母亲节，学校德育处开展主题为"妈妈，我爱您"的母亲节暨生日会活动。各班邀请了妈妈们参加活动，并特意邀请一些熟悉烹饪的妈妈担任主讲老师，现场指导制作蛋挞的方法。孩子们用鲜花和歌曲表达对妈妈们深深的爱。参与活动的妈妈深情地说："谢谢老师，让我和孩子的心走得更近了！"

父亲节，学校德育处开展"父爱如歌"的感恩活动，邀请口才较好的爸爸担任主讲嘉宾。孩子们为自己的父亲献上感恩卡。现场几个爸爸微笑着说："感谢老师，这样的安排给我和孩子一次打开心扉沟通的机会。"

教师节，全校开展"学陶师陶，桃李满园"活动，培养孩子学会感恩，感谢教师对自己的无私帮助。一声声"老师，谢谢您"就是对我们最好的报答。

纪念孔子诞辰日，一年级开展了别具意义的"开笔礼"，寓意孩子今后学有所成、明德知礼。通过这样的仪式，让孩子学会尊师重道，学会感恩父母和老师对自己的教育培养。

冬至日，各班开展"冬至暖人心，浓浓亲子情"活动，邀请全体家长参与。一曲深情的《父亲》唱出了父母之爱，一封封写满心里话的信笺暖透了家长们的心。这样一场有意义的活动，既让孩子更加了解了我们的传统节日，又能拉近亲子感情，培养学生的感恩之心。

通过这些德育活动，我不仅收获了各个班级学生的热爱，还收获了一批家长的认可。不管哪个班级的学生，见到我都很开心地跟我打招呼："蔡老师好！"不管是哪个班的家委，只要看到我，都很热情地跟我聊天，跟我讲班里的情况。我想，当教师用仁爱之心对待学生、用真心实意对待家长时，他们一样能报以真诚之心。教育，是双向奔赴的。

将心比心，换取信任

在德育管理过程中，德育主任需要时常跟班主任保持沟通，特别要留意个别班级的异常情况。德育工作需要细致，要清晰各个年龄段孩子的心理特点和行为表现特点，真正了解学生所想，用心与学生相处，善于发现学生的细微问题，并利用恰当的教育契机，及时开展教育活动，才能起到良好的育人效果。

记得四（2）班刚转来插班生小鹏，他沉默寡言、独来独往，成为班里的隐形人，第一次月考，70多分，处于中等偏下水平。班主任找到了我，说这个孩子性格内向，交流很困难，不知道该如何帮助他，让我支招。我告诉这位班主任老师，上课时多提问他，让他有更多的机会在同学和老师面前表达自己的想法，只要他回答，班主任就要表扬他，以此鼓励他找到自信心。

这位班主任听完，按照我的建议实行，果然收到不错的成效。但是小鹏还是不太积极主动参与学习，学习状态还没完全调整好。为了更好地帮助小鹏，我决定深入了解他的状况，便和班主任一起到他家进行家访。在跟小鹏妈妈的交流中，我们了解到，原来小鹏从小跟着爷爷奶奶生活在乡下，直到开学才跟爸爸妈妈一起生活，有心里话也不跟妈妈说，父母既心疼又无奈。

正当我寻找突破口时，无意中在一次德育征文比赛中，发现一篇情感细腻、文笔流畅的佳作。小作者写了自己在乡下和奶奶生活的点点滴滴，字里行间无不流露出对奶奶的想念之情。我惊讶：原来这是小鹏的作文，写得多好呀！这篇作文被评为年级优秀作文，在各班当作范文学习。在他的字里行间，我感到这个孩子其实很渴望得到父母的关爱。

于是，我决定走进他的心，了解他的想法。我跟他约定：每次写完作文，都拿来给我读一读，我来帮他修改。他写得好的文章，我就拿来作为范文进行朗读，鼓励四年级的孩子们向他学习。

渐渐地，他变得自信起来。好几次放学，他特意到办公室向我请教学习语文的方法，有时还跟我说起与同学之间的秘密，把我当成朋友。他知道我上课声音沙哑，便悄悄给我送来两个罗汉果，还写了一张小纸条："蔡老师，您今天上课讲话很辛苦，我给您带来这个罗汉果，可以泡水喝，喉咙就很舒服了。"我很感动。

不知不觉中，他的学习状态发生很大变化，学习突飞猛进，各科成绩跃到90分左右。班主任特别开心，说我帮她发现了一块璞玉呢！小鹏妈妈拉着我的手说："他变化很大，开朗多了。蔡主任，感谢您的帮助！"

做温暖的德育，要在全局上看学生的发展，关注学生的情感需求，了解学生的想法，倾听学生的心声，并及时给予反馈和引导。当班主任遇到棘手的问题时，我们要利用团队力量全力来解决问题。此外，要积极做好家校沟通，真心相待才能换来家校共育的最好效果。

看见星空那一抹微弱的星光

在学校里，我们会遇到一些特殊儿童，他们就像星空里那一抹微弱的星光，力量虽小，却仍然散发着亮光。

有几次德育处检查班级德育工作，我经过四（4）班，发现班上角落里有一个孩子，每次都是安安静静地坐在那里，不怎么说话，也不捣乱。那次春游，四（4）班的报名人数引起我的注意：其他学生都积极报名，唯独小辉没参加。班主任告诉我，每年春游或秋游，小辉都不参加。

我走到班级里，想要了解具体情况。当时，我看见小辉爸爸来到教室。我询问家长意见时，他说孩子很想去，但是怕给老师添麻烦，每年都没有报名。他说，孩子其实很想跟同学们一起玩。我说："家长您放心，我跟班主任说，我会全程跟他在一起，还有几个小伙伴陪着他。就让他跟其他孩子一起去春游吧！"

听到我这样说，小辉爸爸脸上泛起了笑容，小辉也笑得很开心。班主任说："蔡主任，您真是学生的好老师，也让我明白了，特殊孩子更需要我们的关爱，我们不能忽略他们的内心需求呀。"春游那一天，我看到小辉玩得多么开心，笑得多么灿烂。

每一个孩子都是独一无二的存在。要呵护每一个孩子的心灵，特别是关注那些容易被我们忽视的孩子。做温暖的德育，做幸福的德育，就是不放弃、不抛弃任何一个孩子。仰望星空，我看见星空那一抹微弱的星光慢慢变亮，正发着光。作为德育工作者，我们需要发现、需要看见、需要照亮每一个孩子心中那一束光。

角色定位很重要

从一名班主任到辅导员，再到德育主任，我的角色定位发生了变化，身上的责任也发生了改变，需要更好地协调上下级、同事之间、家校之间、科任之间的种种关系，认真研读工作文件，理解上级精神，恰当合理地落实工作。

杰克·韦尔奇说，管理就是把复杂的问题简单化，混乱的事情规范化。对于教育管理而言，将复杂的问题简单化，将混乱的事情规范化，是管理成功的关键。一个人的角色意识越强，责任感就越强。当好德育主任，要做好角色定位，提升管理能力。在整个德育团队中，大队辅导员、级长、班主任、副班主任、中队辅导员，分工明确，各司其职。发现问题及时讨论，并商讨出最佳的解决方案，然后安排任务，落实执行，以达到最佳效果。

一开始当德育副主任，并不是那么顺利，教师觉得我年轻，经验不足，甚至有教师直接唱对台戏，让我尴尬。在后来的工作中，我并没有排斥这位教师，而是主动接近她，跟她聊天，听听她的看法，才明白原来她是为了让事情完成得更加高效，并不是针对我。我明白，其实，每个人的最终目标都是一样的，都想把事情做好，取得好的结果，但是每个人的站位不同、思维不同，解决方式也不同，其实都是可以协调的，不存在对与错。后来，在工作中，我鼓励大家有好的想法可以一起交流，争取把事情完成得既开心又轻松。

在工作的推进与同事的磨合中，我逐渐领悟到，作为德育主任，要明确自己的角色定位，处理好行政工作与校长、教师之间的关系，把学校集体荣誉和集体利益放在第一位，齐心协力，助力师生成长，推动学校发展。

德育主任是校长的得力助手，是忠实的执行者。

德育行政人员与其他行政人员之间是并肩作战的战友，是共同成长的伙伴。

德育主任要为教师员工服务，洞察人心，体贴关怀，善于沟通。

德育主任，如将领，需要做好全局规划，统筹指挥；如稽查员，要发现问题、分析问题；如心理学家，要了解团队老师的想法；如家人朋友，要关心激励帮助老师们。

德育主任就像连心桥，连接着方方面面的关系，凝聚各方面的力量，明确努力的方向和目标。心往一块想，劲往一处使，学校就会朝着更好的未来不断迈进。

打造温暖的德育团队

曾读过这样一句话："管理是一种服务。你应该为你的团队成员提供服务，帮助他们实现他们的目标，并支持他们的职业发展。"是的，我很关注德育团队老师们的工作情况，了解他们的内心所需，并给予他们充分的尊重和认同感。

为了让班主任老师获得职业幸福感，德育处精心策划组织了"班主任节"系列活动，通过平时的工作表现、工作业绩，全校师生投票，综合评选出"我最喜爱的班主任""我最喜爱的老师"；通过中层干部投票、业绩成果、带班成效、班级获奖情况，评选出"优秀班主任""优秀副班主任"。全校举行表彰典礼，获奖的班主任在全校注视下上台领奖，由校长颁发奖状、学生代表献上鲜花，隆重而简单的仪式，给予班主任最好的尊重。我还分别从经验班主任、骨干班主任、新秀班主任的队伍里邀请了三位班主任代表，为全体班主任做了"班级管理、家校沟通交流、班级干部培养"等经验分享。从身边发现优秀、学习优秀、表彰优秀，带动整个团队向优秀靠拢，提升整个班主任队伍的专业能力。

中层干部是德育主任的左膀右臂，德育工作会议上，我为六位级长、两位辅导员颁发了"最美级长""优秀辅导员"证书，并对他们在工作中表现的优点给予具体、明确的表扬。"一年级张级长管理经验丰富，熟悉学生发展特点，因材施教，管理规范，奖惩有力，整个年级学生精神面貌很不错！""二年级李级长协调能力非常强，有向心力和凝聚力，整个年级在她的带领下，朝气蓬勃，干劲十足！""三年级黄级长关心同事，有困难找级长，及时帮助同事解燃眉之急，真是贴心的大家长！"级长们听到这些表扬，都感到高兴，因为他们的优点被发现，他们的努力被看见，他们的行为被认可，便会迸发出更大的动力，把工作越做越好，越做越起劲！

每一个表扬、每一次认可，要具体明确、指向分明，才能深入教师心扉，让中层干部清晰：怎样做才是优秀的，怎样营造积极向上的年级氛围，怎样培养年级学生良好的道德品质修养，应该向他人学习哪些优秀品质……整个团队的氛围会变得更加积极向上、努力上进、和谐团结，工作起来会更有效率、更有人情味。

架起家校社共育的桥梁

第一步：建立家校关系，营造和谐氛围。

"教育的效果取决于学校和家庭的教育影响的一致性。如果没有这种一致性，那么学校的教学和教育过程就会像纸做的房子一样倒塌下来。"苏霍姆林斯基如是说。这强调家校共育对于教育效果的重要性，可以这样理解：只有家校之间保持教育影响的一致性，才能确保教育的有效性和持续性。因此，在开展德育工作过程中，我特别重视家校沟通，重在建立良好和谐的家校关系。只有学校、家庭和社会三方面共同努力，才能形成教育合力，促进学生的全面发展。

班主任从各班推荐一名积极能干、热衷参与学校工作的家委，组成学校家长委员会成员；然后每个年级在各班推荐上来的成员中，推选一名能力较强的家长担任年级家委会主任，负责整个年级事务的统筹安排、信息传达和反馈。这样能更快捷、更明确地传达学校精神，落实上级和学校布置的任务。

学校德育处每学期均召开两次家长委员会会议。

学期初召开一次会议，学校校长、德育行政、级长全体参加，会议上对家委成员一一介绍，并给每个家委会成员颁发聘书。我明确列出家委会成员工作内容，建立家校沟通机制，保持家校沟通途径畅通，家委发现班级异常情况及时向班主任和学校反馈，并在班级群起好带头作用，营造积极向上的良好氛围。我鼓励家委，积极为学校的发展建言献策，为学校的荣誉呐喊助威，为学校树立良好的形象，扩大学校知名度和影响力。

学期末召开一次会议，针对本学期各班家委工作进行总结，我邀请家委分享工作心得：比如如何合理统筹安排家长义工服务工作，如何做好班级沟通群异常情况的安抚工作，如何跟个别家长做好沟通工作。家委们的辛勤付出，我都一一肯定和表扬；家委们的建议，我都一一答复。家委们表示，虽然家委工作占用了他们一些时间，但是能为班级出力、为学校献策，乐在其中。在思维的碰撞和激烈的讨论中，学校家委成员凝聚力越来越强，整个学校的家委会氛围非常融洽。

第二步：参与义工服务，树立模范榜样。

为了更好地带动家长义工参与志愿服务工作，我以身作则，积极参与家长义工服务工作。凡是行政值日轮到我负责，我都风雨无阻，准时在学校门口，与家长义工一起指挥交通，为下车的孩子开门，指引家长尽快将车辆开走，以免造成交通堵塞。我还会主动关心值日的家长义工，了解他们孩子的情况，关心孩子的成长，并在全校家委群表扬他们的付出。这些小小的举动，让家长倍感欣慰，他们感受到学校对孩子的重视、对班级的关心、对家长的认可。于是，越来越多的家长主动参与到学校的义工服务中，为孩子们安全出行保驾护航。

学校家长义工服务队，备受社会好评，达到了服务时长数，还被评为大良街道"最美志愿服务队"，本人也被评为"最美志愿者"。志愿服务，利人利己，助人自助，赠人玫瑰，手有余香。我想，这都是人与人之间互相关爱、双向奔赴的结果。

第三步：组织亲子志愿服务，拉近家校距离。

在志愿服务的道路上，我还开辟了另一条途径，利用学校周边资源，把服务范围从校园内扩展到校园外，从学校扩展到社区、社会。暑假期间，我组织了20多场"爱国爱家，绿色环保"志愿服务和社会实践活动，我主动联系社区居委会、志愿者协会共同开展，扩大活动影响力。整个暑假期间，参与家长200多人次、学生200多人次，服务时长约500个小时，活动人员遍及各年级，活动范围有大良第一码头、金榜埠头、莘村文化街、南华党群活动中心、华盖路步行街、清晖园、顺德区博物馆等地。

加强"家校社"合作，联合多方社会资源，让家长和孩子一起用自己的实际行动为家乡贡献力量，形成友爱互助的良好风气，让家长和孩子都体会到奉献他人的幸福感和自豪感。这些举动得到家长的高度认可，也拉近了家校共育的距离。

结　　语

心怀感恩，怀揣梦想。在德育的成长之路上，我一直默默坚持着，做一名勤奋的学习者，做一名职业的幸福者，不断提升自我，做好学生发展的引路人。

用爱温暖孩子的心灵，用心维系家校沟通的桥梁，用情写下教育的诗篇，我热爱教师这份崇高的职业，坚持在德育的道路上大步朝前，用心经营，相信未来一定能收获满园芬芳。

接过鲜艳的红领巾

吴家钊

广东省佛山市顺德区五沙小学

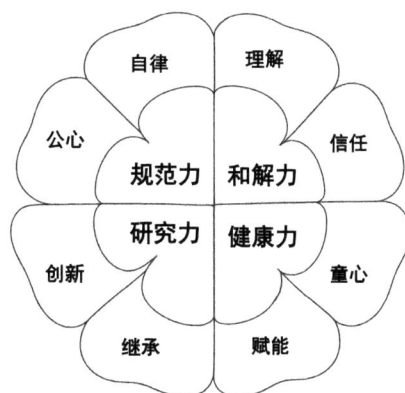

我是一位学校少先队大队辅导员。我们要努力培养出一批批从小坚定听党话、跟党走，有志向、有梦想，爱学习、爱劳动，懂感恩、懂友善，敢创新、敢奋斗，德、智、体、美、劳全面发展的好儿童。作为学校少先队大队辅导员，我对教师幸福力"四力"的理解如下：

规范力：大队辅导员作为少先队理想信念的传承者，注重对少先队员的品行进行教育。规范力增添工作的成就感和幸福感。规范力主要体现在自律和公心上。自律，重在师为生范，以身作则；公心，在于处事公道，不偏不倚。

和解力：主要是在人与人相互交往活动中，良好地协调、处理人与人之间的关系，避免和化解矛盾的能力。大队辅导员的工作性质及其职责决定了其自身的交际面是广阔的：从学校的行政领导层，特别是德育工作的副校长和主任等主管领导，再到全校中队辅导员，还有大队委、大队部督导员等。在工作中，和解力主要体现在理解和信任上。理解，即海纳百川，有容乃大；信任，乃真诚交往，诚信待人。

健康力：通过活动，让自己的内心和身体保持健康。在心理上，表现为富有正能量，能积极、阳光看待生活和工作中的挫折和困难；在身体上，富有活力和朝气。在我看来，健康力主要在于永葆童心和自我调节、自我赋能。童心，即永葆童心，感知喜与忧；赋能，身心调适，焕发正能。

研究力：主要指自身参与社会生活中，对某一问题深入了解和认知的能力。辅导员的研究力主要体现在继承和创新上。继承，即在实践中检验和传承前人的优秀经验和做法；创新，即在继承的基础上进行发扬，使之优化和更为高效。

童年的"红领巾"

每当听到少先队队歌，我就仿佛回到了童年。那时候我正上一年级，端坐在学校的操场上，在队歌声中，懵懵懂懂地让高年级的姐姐帮我把红领巾披在肩上系好，脖子同样系着红领巾的大队辅导员老师高呼"准备着，为共产主义奋斗"，我们高举小拳头在队旗下高呼"时刻准备着"，就这样经过庄严的仪式，我成为一名少先队员了。

还记得辅导员老师的讲话，她告诉我们红领巾所赋予的使命，她用队歌中的歌词来勉励我们：不怕困难，不怕敌人，顽强学习，坚决斗争，为着理想勇敢前进。多年来，从小学到初中、到高中、到大学，我一直牢记童年时红领巾所肩负的使命，从披着红领巾认真学习的少先队员到青春奋进的共青团员，到现在不忘初心的共产党员，我始终牢记党的教育，沿着党和革命先辈的光荣路程，爱祖国，爱人民，认真学习，努力工作，为社会和国家贡献自己的力量。

"从小听党话，长大跟党走。"学校里的大队辅导员老师，无论在国旗下讲话还是在少先队活动时，说得最多，也是我小时候以此来严格要求自己，做一个自律的孩子的座右铭。"上课不能开小差，课间不能追逐打闹，要诚实守信，团结友爱，关心和帮助同学……"大队辅导员老师和中队辅导员老师经常提醒我们要遵守和做到这些要求，久而久之，变成了一种习惯，一直影响着我。这为日后工作中，自觉遵守各项规章制度，严格要求自己，打下了基础。

小时候，我觉得辅导员老师带领着那么多少先队员，是一个光荣和十分值得尊敬的岗位；曾经，我也幻想过自己像辅导员老师那样站在国旗下讲话，对全体队员开展教育……

接过"红领巾"

中午，校园广播里又响起了动听的《红领巾飘起来》，孩子们自然而然地跟唱起来，校园过道上，几个孩子跟着广播哼着歌儿迎面走来，看到我，不约而同停了下来，右手举起，向我敬队礼，微笑打招呼："老师，您好！"我也微笑回应："同学们好！"这样的情景在校园里经常能看见。每每看到孩子们见面打招呼，作为大队辅导员，内心无比喜悦和幸福……

"诚实、勇敢、活泼、团结"这是少先队员应有的作风。传承和培养，让孩子们在星星火炬的指引下茁壮成长，成为社会主义建设者和接班人，是大队辅导员的重要使命。

刚来到新学校，我被任命为学校的大队辅导员。对于已经有八年班主任工作经验的我来说，学生管理并不是什么难题了，但大队辅导员的角色不同，要考虑的问题、管理的范畴要更多、更广。大队委的组建和管理、少先队督导员的培训和督查工作的开展、少先队活动的开展、队员的日常教育等，都是大队辅导员要承担的工作。

前行的路因为有引领人而少走弯路。学校的德育副主任蔡老师之前是学校的大队辅导员，她对少先队工作有丰富的经验，她告诉我，少先队工作看似内容繁琐，但是你的性格沉稳务实，相信学校的少先队工作，你能有条不紊地做好。她跟我介绍了目前学校少先队工作的基本情况，还有上一任大队辅导员工作中出现的问题，以及本学期少先队工作需要重点关注的问题。

听完蔡主任的分享和指引，我感觉就像是前人对后来者的传授和交棒，是师父对徒弟的倾囊相授，心中不觉暗喜。我除了收获到很多宝贵的经验外，瞬间觉得大队督导员工作职责所在、使命重大，一点都不能掉以轻心，必须规范自身的言谈举止，做事要严谨、认真、细致，做好辅导员老师的榜样，给队员们良好的引领。学校既然任命我来担当大队辅导员这一重要岗位，我一定不负所托，努力继承和发扬已有的优秀经验和做法，把学校少先队工作做得更好。

2018年那个秋季，开学了，周一的大队部督导员的工作例会上，蔡主任正式向督导员介绍我。我看着会议桌内外两层坐着的四十多个少先队员，他们是来自三至六年级各班的孩子，都是经过中队辅导员推选到大队部来的学生，他们都品学兼优。看着他们端正的坐姿、专注的眼神，我心里很激动。

他们比其他队员更懂得自律，更懂得珍惜肩上红领巾所赋予的使命和担当。我说："我是一位年轻的爸爸，也是四（3）班的语文老师，现在成为我们大队部中的一员。和大家相聚在一起是幸运也是缘分，大队部就像一个大家庭，我这辅导员好比这家庭里的家长。"接下来，我又把自己刚才的感受与孩子们进行分享，夸赞他们的同时，希望他们能珍惜这来之不易的荣誉和使命，做一个严于律己、工作认真，富有荣誉感和使命感的督导员。

每周的工作例会，除了总结上一周检查值日工作中各个岗位出现的问题外，还要结合德育处的安排布置本周重点检查的项目。因此每周的工作例会上，我少不了对大队督导员进行在岗培训。从着装仪容到言行举止，从队礼的规范使用到登记扣分的注意事项，事无巨细，凡是涉及督导员的，我都要细化和落实。"校服、红领巾、绶带要时刻保持整洁，站岗和巡查的时候衣服要压进裤腰里，敬队礼时五指要并拢，并且高举过头顶。说话多用'请'开头。"这些几乎成了我每次周工作例会和陪同站岗时的惯用语。身上披着学校值日绶带的值日生，站在校门口，礼貌地向进出学校的老师、家长和同学打招呼，对外代表学校的形象，对内代表大队部的形象。

每次校门口的站岗，我都会以身作则，言传身教，要求队员做到的，我自己先做到，而且持之以恒，成为习惯。我不光告诉队员正确的站姿和规范的礼仪，还跟督导员值日生一样微笑着跟进门的同学们打招呼。新上岗的几个督导员有点腼腆，我就站在他们身边，特意示范，让她们跟着我向同学们问好，很快，她们声音响亮起来，敬礼特别有力，更加自信从容了。

传承"红领巾"

加入少先队，让更多的少年儿童在党的教育和关怀下健康茁壮成长，为社会主义建设培养更多的生力军和后备力量，这是大队辅导员每年要完成的重要任务和使命。我作为辅导员，会因看到少年儿童找到成长的目标和方向而生幸福感。

2021年，按照共青团中央、教育部、全国少工委印发的《关于构建阶梯式激励成长体系增强少先队员光荣感的指导意见》要求，将"入队激励"即"成为少先队员"作为阶梯式成长体系的重要载体和方式之一。就是说，从以往的"全童同时入队"转变为"全童分批入队"。

一年级要分批入队，就是说有一部分一年级下学期入队，另一部分等到二年级上学期才入队。学校少工委根据入队指标，综合一年级预备队员各方面的表现，通过自评、班级内互评、他评方式，进行量化评价，经组织批准后，分不同批次加入中国少年先锋队，即"达标一批，吸收一批"。

因此，做好家长和学生的思想工作，减少家长和学生产生不必要的疑虑，制定预备队员的评价方案以及做好第二批次入队预备队员的情绪安抚等工作，需要周详的计划，更需要一年级班主任的协同工作。

我召集一年级班主任商议分批入队，大家达成共识：先通过《致一年级预备队员家长的一封信》进行宣传，告知学生和家长相关最新入队的方式；然后，通过自我推荐的形式，填写简单的自荐表；班主任老师根据自荐的名单进行班上的互评，结合班主任的评价意见，最终确定第一批不多于30％的人数；另外的同学，班主任要以入队的标准告知他们和被选为第一批同学的差距在哪，定好进步的小目标，下学期目标实现就能实现第二批入队。我把大家的意见进行整合，形成《一年级分批入队方案》，报学校少工委，方案经完善后执行。

第一批新队员入队仪式选在"六一"当天举行。在嘹亮的队歌声中，一年级准队员们昂首挺胸立正站好，听从指挥分批上台参与授巾仪式。一条条鲜艳的红领巾披在新生的肩膀上时，我看着他们，仿佛回到了童年，看到了那时入队仪式上的自己。这是一代又一代红领巾的传承，在一代又一代红领巾辅导员的引领下，又增添了新的火种，他们会带动和点亮其他的预备队员，一起走向新的光明……

"红领巾"的约定

"吴老师，这两周我发现同学们佩戴红领巾的习惯很不好。每天因为红领巾佩戴不规范被登记扣分的同学很多。"周工作例会上发言的正是小岚。小岚是我班上的学生，也是大队督导员的小组长。我马上查看上两周汇总的数据，的确很多都是因为早上进校门没佩戴红领巾扣分的。

其他督导员也纷纷反映：有的经常不戴红领巾，每天不是说落在家里，就是说落在教室了；有的说是丢失了，家长来不及买；有的说回教室戴好红领巾再过去，但一去不返的也有几个；还有些高年级的同学不愿意记名，对督导员的"拦截"置之不理，有的甚至迅速"逃离"。这里面有物品整理收纳的习惯问题，也涉及队员们的诚实问题以及纪律意识淡薄问题。

会后回到办公室，问及其他班主任红领巾佩戴情况，不少班主任也说，要经常强调，也有同事跟我说，督导员为了记名字跟学生在校园里进行"角逐"，追赶的情况也屡见不鲜，有时还差点滑倒，把正常行走的老师和同学也撞上了，有时还两三个督导员对违纪同学进行围追堵截，成了校园另一种"追逐闹剧"，影响也不好。有的督导员跟谁的关系好，就不记名，跟谁关系差就揪着一人不放。先是督导员的无奈，然后是同事的抱怨，我听了心里不是滋味。

这时，德育处陈主任找到我，说德育处准备近期开展"上好微队会，讲好微文明"的活动，邀请几位老师进行微队会录制，微队会时长二十分钟左右。听到这，我脑海里闪现了"红领巾""文明"两个关键词。来一次"红领巾的约定"微队课，让"红领巾的色彩"重新印染在队员的心田，激发其内心的自我能动性，约束自身行为，不是正好吗？

想到这里，我把最近校园出现的"红领巾风波"和主题为"我和红领巾的约定"微队课的想法向德育处陈主任反映，她十分认同。趁热打铁，当天晚上，我就开始搜集有关"红领巾"的相关材料。

通过整合素材，我把少先队的历史、视频故事《致敬红领巾》和佩戴红领巾的注意事项等做成了微队课《我和红领巾的约定——爱护红领巾，自觉维护少先队形象》。以故事为载体的思想教育往往最能打动人，自己也是这样受教育长大的，我要继承和发扬这种好办法。

在周一升旗仪式后的校会上，我先抛出一个问题：对红领巾认识多少？邀请六个来自不同年级的队员上台回答。

一年级队员腼腆地摇摇头，支支吾吾说，我觉得戴上红领巾就是一名少先队员了，感觉很光荣。

二年级队员大方地回答，那是红旗的一角，我们是少先队的一分子。

三年级队员回答，那是我们少先队员的标志，提醒我们要好好学习。

四年级队员回答，那是我们少先队员身份的象征，我们要遵守纪律，在别人有困难的时候，帮助他人。

五年级队员回答，那是革命先烈用鲜血染成的，我们要懂得珍惜现有的和平生活。

六年级队员回答，红领巾不只是少先队员身份的象征，还提醒我们要像革命先辈那样顽强学习，坚持斗争，克服学习和生活上的困难，向着胜利勇敢前进。

六位队员对红领巾的解读，有自己的不同见解，总体没有偏差：从光荣的红领巾、红旗的一角，再到革命先烈用鲜血染成，换取我们和平幸福的生活，再到继承革命先辈的光荣传统，勉励自己要克服困难勇敢向前。从他们的回答中，我看到了队员的认知随着年龄增长有了梯度式发展。

接着，我向全校的队员们讲述了红领巾的来历。他们看到视频中，儿童团员从被血染红的衣服上撕下布条系在脖子上，以此立志继承革命先烈的遗志时，从他们的目光里，我发现队员们似乎理解了为什么说红领巾是革命先烈用鲜血染成的。看来，队员们都有所触动了，我接下来的引导就好开展了。

于是，我紧接着故事的内容，说红领巾的背后居然有着这么动人的故事，肩上披着的红领巾所肩负的使命在每个时代虽然有所不同，但是继承革命先辈的光荣传统，不怕困难，不怕敌人，顽强学习，坚持斗争，努力成为共产主义和社会主义的建设者和接班人的目标是没有变的。

因此，作为少先队员，红领巾是作为一种革命精神的传承物，时刻激励和提醒我们，不能忘却自己的身份和使命。我们要珍惜和爱护好红领巾，规范佩戴，自觉维护好少先队员的形象。更不能因为逃避责任而与督导员发生矛盾或者追逐，破坏少先队员文明有礼的形象，另外，知错就改和敢于承认错误是少先队员的优秀品质。我和大家约定：不管是自己班上的，还是其他班上的同学，要懂得相互提醒，自觉保持红领巾整洁和养成规范佩戴的习惯，做一个爱护和珍惜红领巾的好队员。

成长的"红领巾"

苏霍姆林斯基说，要像爱护最宝贵的财富一样爱护儿童对你的信任。少先队的工作，离不开队干部的培养，离不开辅导员老师与队员之间的理解和信任。物色和培养诚实、勇敢、活泼、团结的大队部干部，作为先锋榜样带领全体队员健康向上成长，也是辅导员老师幸福的事情。

每到新学期开学，学校大队部会在全校招募新成员，公开选拔一些工作能力强、责任心强、德才兼备的成员成为学校大队部干部。这次竞选，刚好大队委中六年级的孩子要退下来，五年级的督导员中，我班的小岚和小瑶都能参加竞选。小岚在报名开始的第二天就把报名表填好交给我了，她报的岗位是大队长。离报名截止时间只剩两天了，还没有看到小瑶交报名表。下课后，我把小瑶叫到身边，问她是否有想报名参加大队委竞选的意愿。她皱起眉头，没有作声，我问："你在大队部工作一向都十分认真负责，老师和同学对你都十分认可，而且你本身学习和才艺都相当不错，何不尝试一下？"听到我的话，她的眼睛变得湿润了，要哭了。我马上把小岚叫过来，让她先陪小瑶回座位上坐好。

我又把小岚叫到身边，悄悄地向她了解情况。小岚告诉我，小瑶原本想报名参加竞选的，但听说是因为爸爸和妈妈担心她上五年级学习比较紧张，而且课后还有钢琴要参加考级，不想她因此而影响到学习和特长，希望她能在学校把更多的时间和精力放在学习上。我理解小瑶的想法和困惑，于是我让小岚安慰小瑶的同时，打听一下小瑶自己的想法，如果不想错过这机会，可以看看如果能竞选上，自己将会怎样协调和安排在校时间，既不影响学习，又能得到更多的锻炼。

我找到小岚问及小瑶的情况，小岚说，小瑶不想跟好朋友竞争，一个竞选上了，另一个没竞选上，谁都不想看到，相信大家都会因此不开心。

我心想："多么有爱的两个人啊！"我接着问小岚："你是否想小瑶参加竞选？""我当然想啦！不然如果因为我，她放弃了这次竞选，我也不开心啊！"小岚坚定地回答。我把小瑶叫了过来，对她们说："你俩在吴老师眼里都很优秀，评委除了吴老师，还有其他的校长、主任和老师，竞选的也有其他班很出色的同学，难道你们因为别人优秀而否定自己了吗？小岚她勇敢地报名了，她也希望你能够敢于尝试，你心里既然也想参加，心里就不应该有压力，不管谁竞选上，另一方同样都会替她高兴，不是吗？这才是真正的友谊，并不是说一味谦让就是替对方着想。说不定你们两个都能竞选上大队委，也有可能两人都被甩下。如果不去勇敢尝试，错过机会那就太可惜了。"两个人听了我的话，露出了笑容，仿佛两个人的心扉一下子打开了，没有任何顾虑。小瑶说："谢谢吴老师，我会珍惜和把握这次机会，认真准备，我今晚回去做做爸爸和妈妈的思想工作，我会合理安排好学习时间，让他们放心。"看着充满阳光和自信的小瑶，我内心说不出的高兴。后来，两人利用课余时间，一有空就准备竞选的项目。小瑶在竞选中脱颖而出，成为大队长；小岚也表现不俗，成为组织委员。在日后的工作中，两个人继续亲密无间，合力做好大队部的各项工作。

看着这两个孩子，我心里替她们高兴，感觉到在队员成长的路上，让孩子找到自己的位置而勇敢前行，引导他们绽放新的光彩，自己也收获到满满的成就感，勉励自己继续努力，为红领巾的健康成长保驾护航。

"红领巾"研学

读万卷书，行万里路。《中共中央关于全面加强新时代少先队工作的意见》指出，坚持组织教育、自主教育和实践教育相统一，强化少先队实践育人作用。加快建立校内外互为补充、有机联动的少年队实践教育体系，不断拓展实践活动项目和载体。我校自2016年以来率先打造地域优势下的研学旅行和社会实践活动，2018年在德育处蔡主任的牵头下以"研学旅行"为主题成功申报广东省教育研究院的省级课题。2019年在郑校长和陈主任的牵头下申报佛山市教育局和佛山市少工委的少年队研学课题，并成功立项，两个课题分别在2022年和2023年完成结题。学校少先队研学课程的开发与实践研究得到了省、市、区、街道等各级各部门的认可。我校利用产业园区的地域资源优势和周边人文、自然生态等景观设计少先队的校本课程。在课题研究的这几年时间里，少先队员的视野得到了开阔，身心和能力得到了提升。

我有幸成为少先队课题组的一员，安排的角色既是校本研学课程的开发者，也是研学活动的组织和策划者，这对于没有任何课题经验的我来说，既是学习的机会，也是挑战。因为是主题式研学，校本研学课程的主要素材就是自主设计主题式研学手册。把已有单一的研学手册，汇编整合成主题系列化的研学教材，需要在既定的主题下，进行分类和开发。我初步把过往的研学路线分为人文景观、自然景观和企业文化三个主题，把相关的路线分类，再赋予每条路线相应的主题内涵。课程目标和研学内容相应进行调整，最终把单一的研学手册分类整合到一起。

在和队员们一起参与研学实践的过程中，我仿佛就是他们中的一员，我感觉自己不是大人，而是一个小孩。有时候，我会跟他们比赛爬山，一起放声歌唱，忘却的是工作的烦恼，找回的是一颗正儿八经工作时难觅的童心。看着他们灿烂的笑容和活力无限的身姿，你会从他们身上汲取满满的生机与活力，实现自我赋能。

记得有一次，我们到十八罗汉山研学，我们要行走六公里的山路通往山顶，对于平时缺乏远足锻炼的孩子来说，也是一次体力和意志的考验，刚没走一公里，就有两三个队员靠着路边的石凳坐着，他们苦笑着说，吴老师，这山坡也太长了，走起来太累人了。这时，我利索地走到他们身边，做一个小跑的动作说："要不我们比赛试试，看看谁脚力更好，我们坚持小跑五分钟，看看谁的耐力更好。赢了的，吴老师帮他拍照，奖励吃糖。"听了我的话，他顿时就起劲了，手握小背包的背带，跟我真的比试了起来……天气晴朗，沿途的风光很美，每到一个歇脚点，我会带着他们欣赏山上的樱花，给他们拍照，还会带他们认识有趣的花花草草，欣赏远处的湖光山色。当他们不想再走的时候，我会跟他们说，前方没多远就是山顶，再坚持一会，你能饱览山下和此处看不到的壮丽景观。

在我的鼓励下，全部队员一个不落地完成了他们看似不可能完成的挑战，当我和他们登上十八罗汉塔所在的山顶时，站在树荫下吹着夏末的风，眺望远处的山和白云，还有半山腰的樱花和凉亭，感觉特别畅快淋漓。他们禁不住兴奋高唱自编的歌曲："东风吹，战鼓擂，今天爬山谁怕谁！"这么激动人心的时刻，务必记录留念，于是指导他们选择更好的背景，再一次进行录制，并指导他们把沿路的植物、风景、公园设施和值得改进的地方记录到研学手册上。一路上我们收获的不只是风景，还有一路的快乐、一路的成长……

结　语

如果说少先队员就是那星星之火，辅导员的使命就是让星星之火催生出更大的光芒。辅导员好比那火炬，引领星星之火相随，为星星之火照亮汇聚的路；辅导员好比那适时的东风，为星星之火助燃鼓劲；辅导员好比那默默无闻的繁星，守护着星星之火照亮大地，向着胜利勇敢前进……

划起幸福之舟

冯念茵

广东省佛山市顺德区鉴海小学

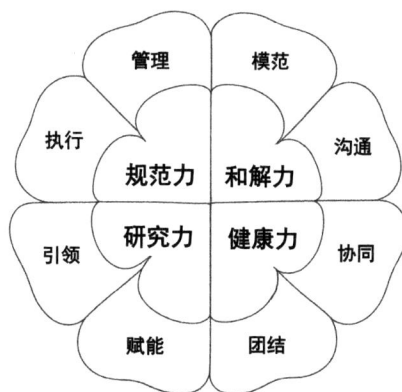

作为一名年轻的级长，我以"严格落实常规管理，携手共建奋进级组"为工作理念，团结带领年级老师完成学校布置的各项任务，高效地完成年级管理工作。我力求做到以身作则，换位思考，化繁为简，在年级内形成团结合作、互帮互助的氛围，同时给处于繁琐工作中的年级老师带来满满的幸福感。我对教师幸福力"四力"的理解如下：

规范力：级长是学校和教师之间的桥梁，常常要完成各种上传下达的任务。作为一名基层组织者，我们要用心领会学校管理者的思想和工作要求，并按规定不遗余力地加以执行。要想确保整个年级运转顺畅，各项规章制度得以落实，级长需要具备出色的管理能力，即充分调动年级所有教师的力量顺利完成学校的教育教学工作、有效组织年级教师和学生开展各项活动等。

和解力：繁重的教育教学工作给一线教师带来极大的压力，每当级长转达学校工作任务时，常常会由于不理解而引起年级老师的抱怨，为了顺利完成学校的工作，我们首先以身作则，起到模范作用。当年级教师在工作上产生冲突时，级长应及时了解情况，积极沟通协调，化解矛盾。

健康力：一个优秀的年级应该是团结和谐、积极向上的，所有年级成员都理解并认同年级的发展目标，并为之努力。在工作中，级长还需要协同班主任、各科老师、家长等落实学校的各项事务，形成教育合力，共同助力学生的健康成长。

研究力：一名优秀级长的前提是一名优秀班主任。要想高效完成年级管理工作，级长必须努力提高自己的教学水平和班级管理能力，并在教育教学工作中起引领作用。此外，还应该努力学习，不断更新自己的德育理念，为年级的发展和个人的成长赋能。

新官上任不好当

两年前，作为一名"90后"的我成了学校里最年轻的级长，虽不能说是临危受命，但也可以称得上是勇担大责。要知道，当时在学校里资历深、能力强、经验丰富的教师可多得很，如今要我这个连十年教龄都尚未达到的"小白"担当如此重任，算是史无前例。凭着一股初生牛犊不怕虎的精神，我毅然接受了学校的安排，心想：不就负责传达信息和安排任务吗？小菜一碟，肯定难不倒我。

新学期伊始，刚"上任"的我还没来得及高兴，就被学校工作群里一条接一条的信息轰炸得"体无完肤"：一会儿收集师生核酸检测结果，一会儿要安排年级新书分发工作，一会儿完成线上填表……一天下来，众多班级事务再加上级长的工作让我忙得焦头烂额，连好好喝口水的时间都没有。原来，这级长也没想象中那么好当。"吃得苦中苦，方为人上人。"身为一个"新"级长，对工作尚未熟悉，手忙脚乱也是很正常的，我只能这样宽慰自己。

在接下来的日子里，转发各类通知、提醒班主任填表、收集活动照片等常规工作依旧不定时出现在我的生活中，我仿佛成了机器人，每天重复着类似的工作，这碌碌无为的状态让我感到焦躁不安。不，"90后"的我可以接受平凡，但不允许自己变得平庸。作为学校里的一名年轻中层干部，我要明确自己的职责范围，认真执行每一项工作，更要团结带领整个年级力争上游，而不是浮于表面，不能当一个简单的"传话筒"。管理学家托马斯·彼德曾说，一个合格的战略，如果没有有效地执行，会导致整个战略的失败；有效地执行不仅可以保证一个适合的战略成功，还可以挽救一个不适合的战略，或者减少损失。有效执行对一个管理者来说是一种重要的能力，也是一种让工作变得更有意义的方式。

如何做到有效执行？当如同热锅上的蚂蚁不知所措时，我想到了向学校里有丰富管理经验的前辈请教。一番虚心学习过后，我意识到在工作中被动地完成上传下达的任务是不足够的，中层干部应该在理解和认同学校工作理念的前提下，主动把相关的工作要求转化为具体的工作要点，传达给年级老师，并带领大家不遗余力地加以执行。他们的话如同一股温暖的春风，带走了我的迷茫和不安；又如细雨，悄然地滋润着我的心田。我茅塞顿开，决定"痛改前非"，立志要成为级长工作中的"有心人"。

一天，学校德育处在中层干部群里发布了一条信息："最近发现不少学生在上下楼梯时有追逐打闹的现象，请各级长加强相关教育。"一般情况下，大部分级长都会直接把信息转发到年级群里，至于班主任有没有把相关教育落实到位，大家似乎都不会去跟进。然而，这次我绝不会像往常照葫芦画瓢。我用心领会这则通知的要求，明白学生的安全教育是一切工作的首位，我应该以点及面，举一反三，从学生在楼梯上追逐打闹的问题入手，延伸到学生在课间活动时的其他安全隐患行为。在深思熟虑后，我决定把这一要求分解为具体的落实措施：首先，请班主任了解班上是否存在上下楼梯追逐打闹的情况及其他存在安全隐患的行为；其次，在班上加强学生的安全教育工作，并发挥班干部的监督作用；最后，结合实际情况，在学期中召开的级会上对表现突出的班级进行表扬，并颁发"文明守纪班集体"奖状。说干就干，当我怀着满腔的热情把这一工作安排下去后，却受到了一位"老班"的质疑。"老班"认为安全教育问题只需要在班上多唠叨几遍、对违纪的学生多罚几遍，教育效果自然就出来了，没必要小题大做。对于我的这个安排，她在表面上虽然没有提出反对意见，但实际上仍旧我行我素，按照常规方式处理。我该怎么办呢？以级长的身份指责她不服从安排？不，这肯定会影响彼此之间的关系。站在后辈的角度，对她的行为睁一只眼闭一只眼？那也不行，这必定会影响到我日后级长工作的开展。"多从对方的角度去想问题，也许你就能找到答案了。"朋友的一番话给我带来了启发。仔细分析，我们两人的解决方式其实大同小异，只是我站在管理者的身份去考虑，想法更加全面。那"老班"为什么会不配合我的工作呢？我在网上找到了答案——"前辈需要的是尊重和被需要"。作为一名年轻的级长，我在工作中应该要多向有经验的老师请教，多跟团队成员沟通。在处理这件事上，我事前并没有跟各位班主任沟通，而是直接把自己的想法以命令式口吻安排下去，对于一位有着多年班主任经验的老师来说，心里觉得不服气也是正常的。每个人都是独立的个体，都有着自己的想法和感受，如果总站在高位指挥和命令他人，那还怎么获得大家的支持和配合呢？于是，我开始有意无意地向"老班"请教各种班级管理之道，并毫不吝啬地表达我对她的尊重和感激；在平时开展工作时，也会主动把自己的想法与各位年级成员分享交流，共同讨论出最合适的解决方案。慢慢地，我的工作得到了越来越多的支持。

书山有路勤为径

作为一名年轻的级长，只有努力提升自身的教学水平和治班能力，在团队中建立起一定的信服力，大家才会心甘情愿地追随你，并愿意为共同的目标而奋斗。我决定以班级管理作为切入点，为顺利开展年级的工作做好铺垫。结合多年来的班主任工作经验和个人想法，我以"班级自主管理"模式为探究目标，并在实践中不断完善，最终取得了良好的教育效果。如今，所带班级学生在班干部的带领下，即使没有老师看管，也能运转自如。由于班风良好，学风积极向上，获得了学校老师的一致好评，每学期所带班级均被学校评为"先进班集体""文明班"等。慢慢地，我的班级管理能力获得了众多同事的肯定。

我深知，要成为一个有领导力的级长，光凭仅有的班主任经验是远远不够的，必须有扎实的理论基础和丰富的实践经验，才能不断带领团队前进。社会在不断地发展，知识也在不停地更新迭代，任何职业或岗位都要定时充电，否则就会原地踏步，在工作上永远无法取得突破。

《在学校，我们怎样做中层》中有一句话不仅给我留下了深刻的印象，更为我今后的年级管理工作指明了方向：中层，对自己的人生而言，可能是按下葫芦起来瓢，人生不堪负荷、苦不堪言的那一层；也可能是你的乐趣逐渐开发，精彩次第绽放，能力被岗位打磨，专业宽度与深度都逐渐成熟的那一层。相信，大部分人都会选择后者。特别是作为一名学校的中层干部，更需要不断更新自己的教育观念和管理理念，才能更好地适应学校发展的需要。

"书犹药也，可以治愚。"阅读，使我站在大师的肩膀上前行。因此，我如饥似渴地阅读了许多关于教育和管理方面的资料，努力为自己的专业成长赋能。在书中，我学习到很多关于增加年级凝聚力、调动年级成员积极性等的方法。读书，使我突破了个体的局限，打开了视野，走进了更广大的世界。我在《灰度决策》中读到：你的核心价值不在于处理常规事务，而在于找到应对不确定性挑战的思维和方法；我在《终身成长：重新定义成功思维模式》中读到：决定一个人成功与失败的因素不是能力和天赋，而是"思维模式"；我在《如何当好一名学校中层：快速提升中层能力、成就优秀学校的31个高效策略》中读到：高效的沟通能够为学校创造更大的成果，能够为自己的工作带来更多的收获……作为一个热爱思考的人，在每一次完成学校安排的任务前，我都会认真思考怎么处理比较恰当，并尝试着将在书中所学到的知识和方法运用到实际工作中；当任务完成后，我也会仔细反思其中的优点与不足，以积累更多的经验。

身先士卒"领头羊"

正人先正己，做事先做人。仅靠管理岗位赋予的权力开展工作，是无法深入人心的，管理者在工作中必须做到以身作则，积极发挥模范作用，才能树立威信，从而获得团队成员的支持。

新学期，学校为了营造积极向上的学习氛围，让教师们通过阅读和交流来拓宽自己的知识体系和提升自己的专业素养，便开展了"凤凰读书会"活动。

活动中，教师们先共读一本教育教学类的书，再以年级为单位，选派一名代表进行学习心得交流，其他年级成员则进行补充发言。这看似简单的一个活动，却让身为级长的我感到为难。一开始，我秉着公平、公开、公正的原则，以机会难得、自愿报名的方式在年级群里进行发动，可大家都沉默不语。两天过去了，依然没有人愿意接手这个烫手山芋，该怎么办呢？

我试着参考其他级长的做法，梳理之后发现可概括为以下两种方式：年长一些的级长采取直接点名的方式，安排年轻人上场，美其名曰这是难得的锻炼机会，年轻教师虽然心有不甘，但敢怒而不敢言，只能无奈地接受；有的级长则采取抽签的形式，抽中的老师只好埋怨自己的手气不佳。对于第一种做法，我的内心是抗拒的。作为一个过来人，当年因为"年轻"这个头衔，我默默地揽下了不少额外的工作。虽然年轻教师确实需要更多的机会进行锻炼，但不代表着可以不尊重个人意愿，直接把所有重担施加在年轻人的肩上。年轻教师本来就需要更多的时间进行备课和反思，也需要更多的精力去化解工作中的各种挑战。因此，我们需要给予年轻教师更多的理解和包容，帮助其更好、更快速地成长起来。第二种方法看似公平，实际上无论抽到谁，他都不会乐意接受这个安排，特别是看见别人松了一口气的表情时，心里就更觉得憋屈了。

思前想后，我觉得自己既然身为级长，就应该身先士卒，勇挑大梁，起示范引领的作用。当我宣布这次活动由我来作为年级代表进行分享时，大家都纷纷为我点赞。于是，我趁热打铁，告诉他们这次活动还需要两名教师进行补充发言，希望大家能踊跃参与。果然，不少成员主动报名参加，让我心里乐开了花。

活动过后，其他年级的一位老师对我开玩笑说："你们年级的老师都不愿意参加吗？要级长亲自上阵。"我笑着回答："不，是我们年级的老师信任我，才把如此重任放心地交给我。以后的读书会，我们级组会有更多优秀的老师进行分享，他们出色的表现一定让你眼前一亮。"

"人不率则不从，身不先则不信。"后来，在我的带动下，年级教师团结合作，互帮互助，形成了良好的级组氛围。其中，还发生了一件让我特别感动的事。一位体育老师由于结婚休假几天，我们级组需要安排代课8节，这个消息顿时让我不知所措。我们级组加上各级行政一共才9人，平摊下来意味着每个老师基本要代一节课。此外，安排代课一直以来都是让级长头疼不已的一大难题，因为基本没有老师愿意代课。先不说代课费多与少的问题，老师们每天除了上课、备课、批改作业外，还要处理各种繁杂的班级事务，有时甚至还要绞尽脑汁化解学生之间的矛盾与冲突，忙起来真的连喝水的时间都没有。

我在心里盘算着：我先主动认领一节课，剩下的发到年级群里让其他老师接龙认领，如果还是无法安排，再另做打算吧。接着，我怀着一颗忐忑的心，把代课通知发到群里。没想到，不到一个小时就有好几位对应班级的老师接龙代课。最后，只剩下一节课尚未安排妥当，主要是因为该班的班主任最近身体不适而实在无法代课，她也在群里说明了情况，大家也表示理解。正当我准备挺身而出时，我们年级的落级行政梁老师主动承担了那节课的代课任务，她说自己也是年级的一分子，也要向大家学习这种互帮互助的精神。就这样，代课问题得以顺利解决。我在群里直接表达了对年级成员高度配合本人工作的感激之情，同时为他们这种强大的行动力点赞。在一个如此团结友爱的集体中工作与生活，一股幸福感油然而生。

化身年级"和事佬"

在一个团队中，矛盾和冲突是不可避免的。在日常工作中，教师们由于观点、利益和目标的不同，彼此之间偶尔也会产生摩擦，这时，级长就要化身为"和事佬"，及时进行沟通协调，以维护团队的稳定与和谐。化解矛盾和冲突的最好方式是什么？没错，就是沟通。沟通，是人与人之间的桥梁，更是心与心之间的纽带。在我看来，只要用心沟通，没有什么是解决不了的。不管是年级工作的开展，还是在班级管理与家校合作的过程中，我都注重运用有效沟通的策略，因为我深知良好沟通能维护彼此之间和谐的关系，减少不必要的矛盾和冲突，还能在互相理解的过程中协调行动，达成共赢。

上学期，一天午饭过后，我正准备休息，群里突然弹出了一条信息，吸引了我的注意。"睡垫被人弄乱了。"A老师在群里发布了一条这样的信息。虽然只有简单的几个字，但我却从字里行间感受到了A老师此时无比愤怒的心情。因为学生的睡垫只写了班级和学号，平时每一组学生的垫子都放在固定的位置，一个睡室三个班加起来约有130个睡垫，一旦被弄乱，要让学生找回自己的睡垫绝对是一项"大工程"。此刻，我的眼前仿佛看到了：睡室里，乱成一窝蜂的学生正在四处寻找着自己的睡垫，暴跳如雷的A老师在大声吼叫着维持秩序。这时，我再也坐不住了，步履匆匆地往学生睡室赶去，心里想：是不是有学生跑到睡室去捣乱了？路上，手机再次响起来，原来是B老师在群里回复："今天一大早，学校通知我说会有领导来检查（B老师负责管理年级睡室），让我早点回学校去整理清洁。你们每个班摆放的睡垫位置都不一样，有些还叠得高低不一、歪歪扭扭的，我足足花了一节多课的时间才整理好。"原来，A老师说的"弄乱"是指部分睡垫摆放的位置乱了，而不是全被搞得乱七八糟。这时，我紧绷着的心才稍微放松下来。来到睡室一看，学生已经找到自己的垫子了，正有序地整理着床铺准备休息。后来，A老师看到了信息，可能觉得不好意思，回复了一个"辛苦了"的表情。

这场风波看似平息了，但我从B老师的字里行间感受到她的委屈。估计由于一大早就收到这样的紧急任务，还一个人花了那么长的时间才整理好，本来心情就不好了，现在还被同事误解，心里更难过了。仔细分析，A老师不明白情况，只是在群里反馈看到的情况，也并非故意针对B老师。这一切都是由于没有沟通清楚而引起的误解，绝不能因为这样的一件小事而影响了成员之间的和睦。于是，我赶紧在群里协调："真相大白，原来只是一场误会。你们都是尽职尽责的好老师，辛苦了！B老师，如果下次再有类似检查，可以提前跟我说，我可以带学生过去帮忙整理。"B老师也马上在群里表达了对我的感谢。由于我的适时介入，不仅及时化解了两位老师之间的矛盾，同时也发现了年级午休管理方面的一个问题。打铁趁热，我利用下午课间赶紧召集年级老师开了一个短会，提醒正、副班主任都要关注学生睡垫摆放的情况，一起帮助学生养成良好的生活习惯。

也许有的老师会认为级长能把学校安排的任务顺利完成就可以了，成员之间的矛盾或冲突属于人际交往方面的问题，不属于级长的工作范畴。殊不知，良好的关系是提升团队凝聚力的基础，矛盾和冲突会严重影响团队成员之间的协作和沟通，甚至会大大降低整个团队的工作效率。因此，年级"和事佬"绝不是可有可无的存在。

足球赛组队"风波"

随着时间的推移，我在级长的岗位上，在处理年级事务时已从当初的诚惶诚恐转变成如今的游刃有余。我为自己取得的进步感到高兴时，一个新的挑战出现在面前。

家长足球赛是我们学校的一大特色活动，前几年由于疫情而暂时停办了，如今比赛继续开展，学校对此特别重视。此时，我身为一年级的级长，首要任务是尽快组建一支家长足球队。本以为是小事一桩，可没想到，我与各班主任在班级群里发动家长积极参与时，遭遇了冷场：一天下来，整个年级只有五名家长报名，这连一支足球队的基本人数都达不到。在深入了解原因后，我们发现原来这一届家长中擅长踢足球的并不多；而且，这一届大多数是"二胎爸爸"，他们在年龄上总体偏大，而足球运动需要消耗很大的体力，不少家长表示有心无力。面对这样一个困境，我也无能为力，放弃参赛的念头一直占据着我的脑海。然而，自学校的家长足球赛举办以来，从来没有一支队伍因组队失败而退出的，这不仅无法向学校汇报，还有可能会成为他人的笑柄。怎么办呢？这绝对是对我管理能力和组织能力的一次考验。考虑再三，目前能解决的方法就只有继续努力发动家长参加，尽量凑够参赛人数。此刻，输赢对我们年级来说已经不重要了，只要成功组队参赛，对我们来说就是胜利。

在一筹莫展之际，我忽然想到可以让孩子来带动家长参与。在与其他班主任沟通过后，大家决定以此作为切入点，先让孩子们明白自己的爸爸能代表年级参加比赛是一件很光荣的事，然后尝试让孩子回家发动家长。在班上发动的过程中，我还了解到不少孩子的爸爸平时在家有看足球赛的爱好。对了，爱看球赛的爸爸多少也懂得一点踢球的技巧，即使水平不怎么样，起码也算会踢，这样的"壮丁"绝不能放过。我一边窃喜，一边大力鼓动这几位学生回去让家长积极参与。与此同时，我们在班级群中继续动员："不管技术好与坏，积极参与你最帅！如果这次家长足球队无法组建成功，我们只能选择弃赛。孩子们在绿茵场上看不到我们年级的家长足球队，肯定会伤心难过。"就这样，在班主任动之以情、晓之以理的劝说下，晚上又多了四位家长报名。对已经报名参加的家长，我们在班上和班群里都采取大力表扬的方式，希望能鼓舞士气，带动更多家长参与。最后，我又协同几位班主任通过私下联系个别家长的方式，以成为孩子学习的榜样作为突破口，进行动员，出乎意料地又有新成员加入。最终，一支拥有十三人的一年级家长足球队成立了！此时此刻，这种激动的心情真的无法用言语形容。

俗话说"好事多磨"，尽管这个过程充满了艰辛，但在我们年级老师的同心协力下，总算顺利地完成了学校的一大重任。值得一提的是，在比赛过程中，我们年级的爸爸们克服重重困难，在足球场上奋勇拼搏、砥砺前行，一路上"过五关斩六将"，最终挺进决赛，获得冠军。

这一次的"风波"，又成了我管理工作中的一笔宝贵财富。

一花独放不是春

我们常说，一个人走，可以走得很快；但一群人走，才能走得更远。作为一名勇于挑战的年轻人，我在努力提升自我的同时，也在时刻思考该如何引领整个年级在现有的基础上不断突破和创新，并打造出富有特色的年级品牌。结合"立德树人"的根本任务，我想到以"六大育人途径"中的"活动育人"和"协同育人"作为切入点，协同年级各科老师，通过丰富的活动来促进学生的全面发展。

由于学校的活动场地有限，我观察到学生们在大课间活动时活动的内容单一，而且简单追逐、跑跳的游戏容易造成学生受伤的情况。为了丰富年级学生的课余生活，我想到协同各班班主任，以班级为单位，给学生选购一批运动器材。在征得了各班主任和家长的同意后，我综合安全、实用、耐用等因素，精心地在网上挑选器材。如今，每到大课间活动时间，我们课室门前的空地便成了一片欢乐的海洋。踢毽子、转呼啦圈、滚铁圈、玩抛接球……运动项目丰富多样。有时候，连路过的老师都忍不住要向学生借来玩一玩，其他年级的学生看见了更是流露出羡慕的神情。在运动过程中，学生们不仅收获了快乐，还锻炼了自己的手脚协调能力，可谓一举两得。我还以传统节日为载体，协同各班主任开展相关主题的教育活动，如元宵节教学生做灯笼、清明节带领学生去瞻仰革命烈士纪念碑、中秋节开展猜灯谜活动等。

此后，我结合"双减"政策的要求以及学校的工作计划，聚焦提升学生学科素养，激发学生的学习兴趣，协同各科老师开展了各种趣味十足的学科特色活动。例如：拼音是一年级学生学习汉语的起点，是帮助孩子们从听说过渡到读写的重要工具。为了巩固学生的拼音基础，激发他们的学习的兴趣，语文学科开展了有趣的拼音大闯关活动，其中包括快乐大转盘（认读字母）、爱心对对碰（拼读音节）、火车开起来（拼读句子）等项目。在活动中，不少学生经过不懈努力顺利通关，并获得了"拼音小达人"的称号，脸上洋溢着幸福的笑容。看着学生们在活动中自信成长，各班老师也感到无比欣慰。紧接着，数学学科的老师也不甘示弱，将几何之美编织成一场视觉盛宴。学生与家长共同合作，通过大胆构思和精心设计把圆形、三角形、正方形等图案融入服装里，给人一种耳目一新的感觉。看着学生那创意十足的作品，数学老师也忍不住啧啧称赞。在整个过程中，教师们为了学生的发展共同努力，在教育教学过程中不断学习、反思和创新，看着学生因学习而快乐，因探索而成长时，一股强烈的幸福感涌上心头。

为了更好地达到"活动育人"和"协同育人"两大目标，我还计划在未来的日子里，充分利用各班的家长资源，开展家长进课堂的系列活动。在活动中，家长们可以结合自身的职业和生活经验，给学生提供更多不同于常规课程的教学内容，既能开阔学生的视野，也有助于家校之间形成教育合力，以实现教育效果的最大化。

在这短短的两年时间里，级长这个岗位给予了我很多不一样的体验与收获。很庆幸，在这两年时间里，无论与谁并肩作战，我总能遇到一群理解我、配合我工作的小伙伴。在同一个年级里，我们相亲相爱，团结互助，互相学习，高效地完成了学校安排的众多工作，同时也得到了学校领导和其他同事的一致认可。在大家的同心协力下，所在年级荣幸地获得了学校"优秀级组"的称号，我也有幸被评为"优秀级长"。如果有一种力量可以让人坚韧不拔，那就是团结的力量；如果有一种力量可以让人信心满满，那就是合作的力量；如果有一种力量可以让人勇往直前，那就是信念的力量。人生最美好的事莫过于和一群志同道合的人，一起奔跑在追逐理想的道路上。回头，有走过的足迹，它见证了我们曾经的努力；低头，有坚定的脚步，它承载着我们对目标的执着追求；抬头，有广阔的天空，它预示着我们美好的未来！

结　语

在学校里，级长是个什么职务？有人说是官，因为在学校里负责上传下达的工作，还要管理整个年级的一切事务；有人说是兵，因为跟年级内其他老师一样，同样要做好教育教学工作；更有人戏言，那是居委会大妈，每天要处理一大堆繁杂事务。在我看来，级长的确是个很特别的岗位：职位虽不高，但要求管理能力高；权力虽不大，但肩上的责任很大；管的人虽不多，但要管的事多不胜数。然而，别小看这个岗位，年级组长可是学校里的中层干部，如同桥梁和纽带一般，连接着学校的管理层、教师和学生，起着举足轻重的作用。杭州市春晖小学田校长说：学校中层是支撑学校发展的中坚"脊梁"，既是顶起学校教育教学工作的中坚力量，也是学校层层关系的神经中枢所在，仿佛黄牛之脊，承上启下，里外承接……中坚"脊梁"正不正、硬不硬，影响着学校的工作风气。

如果你问我当级长有什么感受，我会毫不犹豫地告诉你："累并幸福着。"每天二十四小时都在线，来自学校、年级、班级的各种事务"随机切换"，确实让人感到很累；但领导的认可、同事的尊重、团队的信任，能带给我满足和快乐。"路曼曼其修远兮，吾将上下而求索。"今后，我将继续在级长的道路上探索和发展，不断提升自己的教育和管理能力，带领年级团队勇往直前，努力把幸福延续下去！

我们语文科

苏国庆

广东省佛山市顺德区鉴海小学

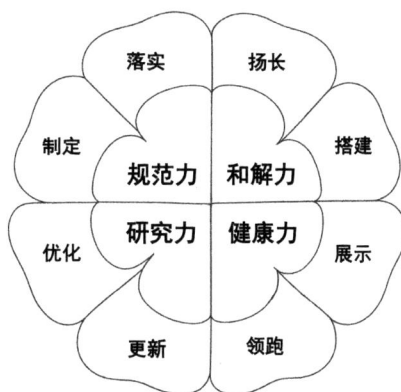

我担任了15年的语文科组长，经历了教材改革：从北师大版到人教版到部编版，引领大家在教材研读中，感受到语文学科的魅力。作为语文科组长，我对教师幸福力"四力"的理解如下：

规范力：制定科组常规制度是开展工作的前提和保障。只有建立起科学、系统、完善的管理制度，才能确保语文教学的质量与效率得到双重提升。"一科六备"管理机制是我所倡导并实施的一种科学有效的管理方法。具体来说，就是由一个"科长"负责管理六个年级的备课长，分工合作、统筹协调，确保各个年级的语文教学工作有序、高效地进行。深入理解和准确把握课程标准的精神和要求并且在教学中落实，制订符合学科特点和学生实际的教学计划和方案。

和解力：在实际工作中，面临着各种挑战和限制，应积极寻找解决问题的办法。可以搭建更多的合作平台、寻求外部资源支持、优化工作流程等，确保团队工作的高效运转。解决困难的过程，是培养团队成员的责任心和合作精神，相互支持、相互帮助，努力构建一个团结、协作、高效的教育团队。

健康力：科组建设，要敢于在内部进行成果分享和经验交流，更要敢于向外界展示我们的实力与成就。通过参加共同体展示、发表论文、举办研讨会等方式，我们可以将科组的最新研究成果和前沿技术推向广阔的舞台。"科长"应该带领团队成员敢于尝试新的研究方向和技术路线。

研究力：学科质量是学校的生命线。优化作业设计是提升学科质量的重要一环。要打破传统的作业模式，创新作业形式和内容，使之更具针对性和实效性。在优化课堂教学方面，需要准确把握学科的核心知识和关键能力。通过合理安排教学时间、优化教学流程、运用多样化的教学方法等手段，打造出高效、互动、有趣的课堂环境。

由 "我" 组成了 "我们"

在 2007 年，我荣幸成为学校语文学科的 "科长"。在我们的校园里，共有 24 个班级，24 位语文老师，这些老师共同组成了一个大科组。在团队建设的过程中，我深刻地认识到，仅仅将人们聚集在一起并不能称为一个团队，只有当大家的心真正凝聚在一起时，才能称为一个团队。那么，如何才能让大家的心凝聚在一起呢？我认为，归属感是一个关键因素。

归属感的来源是什么呢？人一旦拥有了自己的名字，就意味着在世间拥有了一个独立的自我。同样，一个团队也需要一个能够代表其精神和文化的名称。命名就是埋下心愿的种子。于是，我开始向各位老师征求意见："我们语文科应该取一个什么样的名字呢？"我询问了十几位老师，突然有一次，当我们称呼 "我们语文科" 时，感觉格外顺口和亲切。因此，我果断地决定，就将我们的科组命名为 "我们语文科"。这个名称既简洁明了，又不失亲切自然之感。就这样，由 "我" 变成了 "我们"，由单独行动变成了集体行动。每当看到这个群名，我都能感受到其中蕴含的力量和深厚的情感。

"祝贺我们语文科……"不再仅仅是某一个人的事情，而是成为我们所有语文人共同的责任和使命。每一位语文老师都成为这个大家庭的主人翁，共同为科组的发展和进步贡献自己的力量。为了强化这种归属感和团队精神，我还特意邀请了学校里擅长书法的黄老师，在一幅精美的卷轴上挥毫泼墨，写下了 "我们语文科" 这五个大字。这不仅体现了我们对传统文化的尊重和传承，更是一种精神的具象化表达。这幅作品不仅装饰了我们的办公室，成为我们共同的骄傲，同时也承载着我们对未来传承的美好愿景。

有了精神内核，我开始进行科组建设。制度先行，制定常规制度+特色机制激励双轨制度，在完成常规基础上鼓励有个性的做法，扬长创新。例如在批改作文中，除了常规的师评要求外，有的老师会组织生评，甚至自行设计生评的评价准则。我作为"科长"，都是非常赞赏，并鼓励这些创新。同时，建立"一科六备"运作模式，一个"科长"负责管理六个年级的备课长，通过分工合作、统筹协调的方式，确保各个年级的语文教学工作能够有序、高效地进行。这种运作模式不仅有利于减轻"科长"的工作负担，更能够激发备课长们的积极性和创造性，使他们能够更好地发挥自己的专业优势，为我们的学科发展贡献自己的力量。

小学校大梦想

我所在的学校是一所有着近百年办学历史的城区老校，校园文化底蕴深厚。学校前身是青云文社，成立于明末清初，是一个拥有350年历史的公益文教组织，它起源于士绅对科举学子的资助。文社以补助教育文化、奖励人才为目的，通过祭祀先贤、资助学子、奖励中举、资助书院、敬送京官等方式，兴盛顺德文风，振兴岭南文教，功不可没。我们学校有很多老树，木棉树、玉兰树、凤凰树、紫荆树……这些树陪伴着一届又一届的学子。

然而，在当今时代飞速发展的背景下，许多学校由于场地面积的限制，逐渐失去了曾经辉煌的大舞台。面对这一挑战，如何在拥有深厚人文底蕴的学校中继续传承和发扬学校的文化传统，进一步提升学生的语文学科素养，打造具有特色的学科品牌呢？

我和科组的老师们经过深入探讨，一致认为通过举办各种活动来提升学生的素养是一条有效的捷径，也是扩大学校影响力的重要手段。尽管学校在场地方面存在局限，但我们可以通过创造条件来弥补这一不足。即使是在一所规模较小的学校，我们也可以拥有宏伟的梦想，拓宽发展空间，让学校的发展不再受到任何限制。

自从我们确定了科组的发展目标之后，每一项活动的策划和实施都变得充满了无限的可能性和广阔的思路。我们不再局限于传统的教学模式，而是积极创新，力求在每一个细节中都体现出我们对提升学生素养的重视和追求。通过这些丰富多彩的活动，我们相信能够在学生心中播下热爱语文的种子，让学校的文脉得以延续，让学科品牌在学生心中生根发芽。

凤凰花开童心绘本展

在一年一度的读书节活动中，我们决定打破传统，不再仅仅局限于零散的手抄报展示。我们提出了一个全新的创意——将整个校园打造成一个充满书香的书吧。从每个年级、每个班级、每个小组到每个人，我们鼓励每个人实现自己的作家梦想。每个班级都会举办新书剪彩仪式，每个年级都会有自己的校园主题书目。这个想法一提出，立即引起了老师们的关注，他们纷纷表示，"人人结书缘，书香满校园"的美好愿景不再是空洞的口号，而是可以实实在在感受到的现实。老师们认为这是一件有意义的事情。

2012年，我们携手家庭和社区，共同成功地举办了"凤凰花开童心绘本展"，这一活动在我们所在的地区引起了巨大的轰动。我们不再满足于制作一些简单的小册子，而是开始创作大型的绘本。全校的学生们在暑假期间，以"我的暑假生活"为主题，进行了一系列富有创意的绘本创作。我们将这些充满创意的手抄纸张印制成一本本精美的绘本。由于学校里没有合适的场地进行展览，我们想到了社区和图书馆。我们迅速制定了详细的展览方案，这个大胆的想法得到了学校和社区的大力支持。为期一个月的童心绘本展顺利进行。

在布展过程中，团队的老师们齐心协力，集体的智慧在这里得到了充分体现。五彩缤纷的书桌以流线型的方式摆放，除了平面展示，还有将故事挂起来的方式，参观者可以循着故事的页码，一步步地走在展厅中。每个角落都弥漫着书香，让人仿佛置身于书的海洋。最具创意的是，我们不仅有小书，还有大书。我们精心挑选了一些具有代表性的绘本，制作成立体的大书，孩子们仿佛可以走进书中，与故事中的角色互动。这一举措不仅吸引了当地媒体的关注，还在"成长100分"栏目中播出，得到了同行学校的广泛赞誉。

这次活动不仅展示了我们学校学生的创作才华，还加强了家庭和社区之间的联系。通过这次展览，我们希望能够激发更多孩子对阅读和创作的兴趣，让他们在绘本的世界中找到快乐和知识。我们相信，通过这样的活动，我们能够为孩子们创造一个更加丰富多彩的童年。

这次成功的体验不仅让我个人获得了前所未有的成就感，团队中的老师们也同样感到无比喜悦。我们不断升级读书节的内容，邀请校园作家进校园进行交流，引入广东省阅读点灯人"开讲吧"活动，鼓励学生们"走出校园，寻找乡土文化"。尽管空间的限制可能会给我们带来一些挑战，但这并不能限制我们的想象力和创造力。我们将继续努力，让读书节成为一个充满创意和书香的盛会。

在组织和参与类似活动的过程中，我们不可避免地会遇到各种各样的瓶颈和挑战。然而，通过积极搭建合作平台，我们能够找到更多的合作伙伴，共同应对这些困难。在这个过程中，我们学会了如何寻求外部资源的支持，如何优化我们的工作流程，以提高效率和效果。例如在绘本展览中，展览馆需要我们安排值班人员，引导参观者，保护展本，可是我们老师都要上课，怎么可能在那里值班？我和老师们商量，也没想到什么办法。忽然，我想到了家长，家校合作是一种非常好的方式，既能弥补时间差，又可以趁机让家长参与，看到学生的水平，深入了解活动的价值。通过这些努力，我们不仅克服了种种障碍，还确保了团队工作的高效运转。最终，这些努力将有助于我们将活动的舞台提升到更高的水平，创造更加辉煌的成果。

<h2 style="text-align:center">十年专注主编校报</h2>

心有多大，舞台就有多大。坚守，也是成就大梦想的必经之路。十年，做好了一件事。

2010年，由语文科带领主办校报。最初的校报，比较单一，一面是学校的简讯和获奖名单；一面是学生的优秀作文，有学生天地栏目，记录着学生稚气的美文美篇，校园广角镜里有我们生活的精彩镜头。在这样的"副业"中，老师们刚开始只是停留在编辑校对的被动位置。

2015年，我们有了更好听的名字《凤凰花开》，栏目全新改革，我提出，一份校报，就是一个学校的文化缩影。我们开辟文学社，收集学生的作品，而校报定位为学校文化对外宣传阵地。

学期末，我会带领编委一起讨论栏目的内容，努力将最有价值的作品呈现出来。我们开设了"名师采访录""巷子里踢出足球队"等特色专版，记录了校园内外的精彩瞬间。不知不觉间，到了2020年，我们已经出版了20期校刊。十年的辛勤耕耘，我们始终如一地做好这件事。

在这十年的时间里，我们从最初的简单校报开始，逐步发展和改革，最终将校报打造成了一个展示学校文化、记录学生成长、连接师生情感的重要平台。我们深知，校报不仅仅是一份简单的刊物，它是学校文化的一个缩影，是学生展示才华的舞台，是教师和家长了解学生内心世界的窗口。通过校报，我们传递了学校的教育理念，记录了校园生活的点滴，见证了学生的成长和进步。

在这个过程中，我们经历了无数的辛酸和苦辣，但当看到那些还带着温度的校报时，所有的付出都变得无比值得。教育是让人们幸福的事业，幸福是在创造中的，幸福是在服务中的，幸福是在研究中的，幸福是与别人分享的这一刻。我和我的团队老师们心中充满了自豪，因为我们共同见证了一个梦想的实现。

大科组追卓越

卓越一：优化作业设计。

在课程新标准的指引下，我们致力于推动学科课堂的改革，追求有效的教学方法，以加速教育的长期发展。我带领备课组长深入探讨提升课堂的教学质量。我们深知，勤奋学习的学生固然重要，但乐在其中的学习者更能取得优异的成绩。因此，我们决定大胆进行改革，将快乐学习作为我们的指导思想，鼓励学生在探索、学习、阅读和写作中找到乐趣。

优化作业设计是提升学科质量的重要一环。重视学习工具的支持作用，帮助学生在工具支持下补充文本空白，展开联想，获得丰富的语言文字体验。可以设计思维可视化的工具，完整呈现依托文字生成抽象图示的过程。我们需要打破传统的作业模式，创新作业形式和内容，使之更具针对性和实效性。例如，我们可以设计一些具有实践性和探究性的项目式作业，让学生在解决问题的过程中巩固知识、提升能力。同时，我们还可以根据学生的学习情况和兴趣特点，设计分层作业，让每个学生都能在适合自己的难度下得到锻炼和提升。

我们首先从预习环节入手，制定了一个名为"预习带着质量飞"的研究主题。我们思考的是：如何使预习过程变得既有趣又富有成效？为此，我们对低年级和高年级学生的预习情况进行了一次全面调查。调查结果显示：不同班级对预习的要求不一致，导致语言运用点的落实不够到位；学生对预习的兴趣不浓厚，大多数情况下仅仅是机械地抄写和阅读，这种被动的学习方式的效果并不理想。

在一次教学成果展示活动中，我被一个科学课程中使用的训练盘所吸引。这个训练盘的外形类似于我们的幸运转盘，内部由内圈和外圈组成，分别对应不同的任务。这个创意让我灵光一闪：如果我们将预习这项常规作业进行创新，从传统的纸质平面作业转变为立体的训练盘，那么写作业的过程就会像抽奖游戏一样，每次都有未知的惊喜，学生的心情也会因此变得不同。我们通过巧妙的设计，确保每个班级的预习作业都能基本落实语言运用点的训练，从而保证了教学质量的第一道防线。

我迫不及待地和团队老师说出想法："提高教学质量，从作业改革做起，我们设计一个预习训练盘，巧妙设计语用点，融入立体的训练盘，大家觉得可以吗？"话音一出，同事们惊呆了："我们从来没试过？能行吗？孩子们拿着这转装盘，还能安心上课吗？"又惊又喜，又充满渴望。我说："有效课堂改革，需要我们去尝试。"团队老师听后跃跃欲试，调查、研究、设想。小翠老师长期教低年级，她提出对低年级的细致要求；小云老师对中高年级非常了解，也提出相应的要求。不到一个星期，我们就敲定了方案，根据年段的不同，我们设计两款教具：低段（1—3年级）预习训练盘，高段（4—6年级）预习训练盘，然后按照"字""词""句""篇""问"5个环节，对应不同内容，例如"标段，圈画四字词，画出文章重点句，赏析写法，概括文章内容"，最有意思的就是"问"，提出一个问题比解决一个问题更有获得感，促进学生思考。这种寓教于乐的方式果然受学生喜欢，老师因为这个小小教具使课堂变得鲜活，学生因为这个小小教具感觉学习变得有意思了。后来小翠老师在公开课上运用了该教具，课堂效果获得了听课老师的啧啧赞叹。成果继续深化推进，我和老师们不断提炼，形成特定的教学模式：自主学习、自我检测、自动评价。我们尝到了教学科研的甜头。

卓越二：优化课堂改革。

2020年，在"双减"背景下，为有效实现"减负、提质、增效"的目标，课堂教学的改革势在必行。我和团队老师投入研究中。要对语文课堂进行改革，就要转变学生学习的动机。

统编版语文教材大纲着重强调教师应重视学生语文核心素养的培养（包含理解、运用、思维、审美），而语文要素是实现知识技能向核心素养转化的桥梁，因此，语文课堂如何能做到既能注重对学生语文素养的培养，又能激发学生的内在学习动机呢？

在优化课堂教学方面，需要准确把握学科的核心知识和关键能力。我们首先要关注课堂效率的提升。通过合理安排教学时间、优化教学流程、运用多样化的教学方法等手段，我们可以打造出一个高效、互动、有趣的课堂环境。在这样的环境中，学生能够更加积极地参与课堂活动，更好地理解和掌握知识，从而提升他们的核心素养。

此外，在现代教育的大背景下，我们迫切需要解放认知，摒弃传统的教育观念，打破固有的思维定式；更新观念，敢于接受新鲜事物，勇于挑战传统，以此推动教与学方式的改革，引导学生成为课堂的公民，共同构建一个充满活力、开放与共享的学习空间。

我和团队把着力点放在革新教学方式上，并通过创建积极的学习共同体，不断发展学生的思维能力、理解能力和知识迁移能力。

课堂改革不是一件说变就变，说改就改的事。我和老师们商量，我们每个年级先安排一个实验班，以课题研究方式，研究课堂模式，检验学习成效。

语文科6项研究，我带头领跑，进行课题申报，《基于小学语文学科核心素养的"四阶一思"课堂范式设计及实践研究》成功立项区级课题。

"四阶一思"课堂范式是促进深度学习、以生本教育为基础的一种课堂范式，同时以新课标"学习任务群"与小组呈现方式，把学生的学习分为四个阶段：深度动机（生文探学，学生"备课"）；深度理解（生生研学，小组"说课"）；深度交往（课堂展学，质疑释疑）；知识建构（一课一得，语用迁移）；"一思"，以问导思、快思慢想，通过多角度多层次方式进行深思，将所学的知识进行整合、迁移，自我生成与表达，在新的问题情境中迁移运用。

"四阶一思"课堂促进教与学方式变革，培养学生做课堂公民，改变了以教师为中心的传统教育模式，增强了学生的学习积极性，学生从被动接受转变为主动探求知识学习状态。教学方式的创新，提升了学生的语文核心素养。课堂模式简约清晰，操作性强，可推广性强。

实验班级在一年的时间里，素养能力有了质的提升。学生"备课"的学习方式——思维导图梳理，学生越画越感兴趣，审美能力得到提高，并促进了知识整合能力的发展，学生阅读速度、正确率都有了很大进步，在学校的"海纳杯"阅读竞赛、演讲比赛、思维导图好书分享、口语表达素养活动中获得了好成绩。教师处处落实新课标的理念，教学能力也有了很大提升。

速度与激情的云时光

百年老校，古韵长存。古诗文课堂的改革是鉴海小学语文科组的品牌与特色。从 2016 年开始，我在班级进行古诗词创新教学，由此一发不可收，深深迷上了乐读古诗文课堂改革，带领团队不断探索，近 5 年在我校课堂改革、开发课程资源建设中迈开了大步子。

2019 年创设的三种乐读课堂，已试点教学，成效渐显。按照原计划，用 3 年时间，二次开发小学部编版古诗文（共 105 首古诗词和 13 篇小古文）。

疫情期间，"停课不停研"。云端教研是时代的要求，只争朝夕，我们才能拨云见日。在学校黄月嫦校长的支持下，我作为课程研发负责人进行了周密的计划和安排，我把时间分成六个节点，先做下册，再做上册。其实研发组的核心老师早在寒假一开始，就已着手编写学生用书，现在就利用居家教研的时间进行第二阶段的开发。于是，经验丰富的老师，研究如何在"乐读"基础上，教学设计做到博古通今、博闻强记、知行合一；年轻的老师进行课件制作，全校语文老师马上加入校本课程开发队伍，开展教研工作。

古诗词的风雅、温柔、敦厚，浸透着老师们的心扉。这些常学常教的唐诗宋词在老师们的浅吟低唱、反复交流中，突然有了一种"原来如此"的"了悟"，有一种"豁然开朗"的"通识"，甚至有一种"相见恨晚"的感叹。

精心制作的课件里，一幅幅唯美的诗境图，一首首优美的旋律，令人心旷神怡。老师们甚至按捺不住内心的情愫，调侃道："猜猜这是哪首诗的画面？小提示：两个小孩挑着灯笼在月夜下抓蟋蟀哟！"多么融洽的教研交流气氛啊，连黄校长也被我们科组老师的教研热情感染了，亲自提笔为书作序！

云上时光也能感受到速度与激情。全体语文人在居家3个多月里，推进课程教案编写工作，1—6年级课内"说唱古诗词"学生用书共6本，3—6年级课内小古文"歌诀素读四要课堂"用书1本。最后编写全册古诗教学设计1本，制作课件105件，为特色课堂提供了配套资源。课程计划至少提前2年完成。

云端教研，启于云端，但扎根于教学日常实际。我们居家自编特色课程教案的消息在当地引起轰动，在接受珠江商报记者采访时，我感慨地说："我们把这段学习时光视如珍宝，云端教研大幅缩短了校本课程落地的时间，虽居于后线，但创造了自己的价值！"

诗中岁月长，高山安可仰，徒此揖清芬！这段云上共研时光，我和我的语文团队，做了一件特别有意义的事。

结　语

从一个普通的读书节，逐步演变成具有学科特色的品牌活动，彰显着学科的独特魅力和学术氛围；从一份简单的校报，逐渐发展为学校的名片，展示着学校的独特魅力和文化底蕴；从传统的作业设计，到创新的教学用具，老师们不断探索和实践，使得教学手段更加多样化和高效；从减轻学生负担、提高教学效率，到教与学方式的全面变革，从居家教研到推进教材开发，让我们心更近、力更足！我们语文科始终走在大学科的前列，引领着教育的潮流。在这个过程中，老师们的专业素养和教学能力也得到了前所未有的提升，我作为"科长"，以大语文观为指导，致力于做大语文事，引领老师们成为真正的大语文人。

第二编

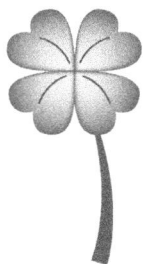

科研带班，高位发展

苏国庆

广东省佛山市顺德区鉴海小学

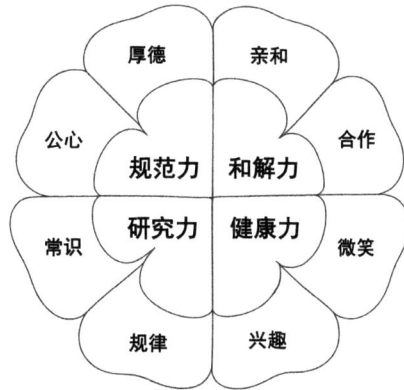

我是一位研究型的班主任，在不惑之年接触课题。运用课题成果进行班级管理，克服职业倦怠，强化教师的专业角色以及认同感，提升教师幸福力，提高职业幸福指数。基于研究型班主任的经验和智慧，我对教师幸福力"四力"的理解如下：

规范力：规范力不仅体现在教师的专业素养上，更体现在其对待教育教学问题的态度和方法上。一颗公心，是教师在教育教学研究中不可或缺的品质，它使教师能够公正客观地对待每一个问题，从而发现教理规律，为教育教学提供有力的理论支持和实践指导。同时，教师要具备厚德，具备足够的耐心和包容心，尊重学生的个体差异和成长规律。

和解力：在教育教学的领域里，和解力不仅代表着师生之间的和谐与理解，更体现了一种将问题视为课题，以研究的态度去应对和解决的教育智慧。将教育教学与做课题研究合而为一时，便开启了一种全新的教育模式，它让教育不再是单纯的传授与接受，而是成为一种探索与发现的过程。

健康力：课题研究有利于教师充分发挥自己的兴趣特长，不仅能够在专业领域精耕细作，更能够享受到研究过程中的乐趣与满足，从而达到内心健康愉悦的状态。我们会把课题研究中的挑战视为成长的机会，面对困难时，保持微笑姿态，以乐观的心态去应对，竭尽全力寻找方法。

研究力：教育是一门科学，有其内在的规律和常识。在教育领域，当课堂和学生出现问题时，不能停留在对表面现象的观察和处理上，不能仅凭个人经验和主观臆断来制定教育方案。我们需要具备深入剖析、挖掘本质的研究力，去探寻冰山下隐藏的教育原理和德育原理。

问题即课题

一线教师扎根于丰富的教育沃土，拥有大量的教育感性经验，在教育科学研究方面有得天独厚的优势。教师的研究往往是针对自己在教育实践中遇到的问题进行的。从这个意义来说，教师的研究活动又将作为教书匠的教师与作为教育家的教师区别开来。

我作为一名老班主任，兢兢业业，勤勤恳恳，用爱和责任带出了一个又一个优秀班级，转化了一个又一个后进生，但是人工智能下知识迅速迭代，智能手机时代长大的孩子在遭遇新问题，我感到仅靠"爱"与"责任"已经难以满足学生成长的需要。

2020年，我接手了一个班，非常特殊，可以用"集体多动症"表述：好动、任性（其中一个确诊为多动症，交往障碍，性格易躁，需要吃药控制）；家庭溺爱，放纵，没规矩、没纪律，性格极端、爱钻牛角尖、懒惰，等等；在课堂上不能专注听课，纪律涣散；课下玩心重，小气，随时因为一点小问题、小摩擦就大动干戈；学科老师担心、苦恼，班主任更是操心、焦虑。

带班的第一年，我一边立规矩训练，一边梳理他们的情绪，及时处理各种问题。想尽各种办法，不怕辛苦，与家长密切沟通，与学生谈心，花了很多时间，但是收效甚微。

情绪失控、行为失控的场景每天都出现。

家庭教养不到位，家庭不完整，家长缺少学习力，小问题慢慢暴露出大问题。

"你是老班主任，这样的班级，你能管好的。"

"你是优秀班主任，这样的班级，只有你才能管好。"

头顶上的紧箍僵硬地套着，让我窒息、焦虑、惶恐，面临着巨大挑战。但教育初心让我清醒：有教无类，公平对待每个学生，没有优生，没有差生，只有学生。用一颗公心客观地对待每一个问题，尊重每个学生的个体差异，寻找突破口。

在一次培训中，我听了华东师范大学教育学系副教授黄向阳博士的《班级集体建设——团结友爱的奥秘》专题报告。他揭开班级集体建设的内核，提出班级管理需要训练，列出班级训练的基本途径：实践锻炼、班级日常生活、专题活动、偶发事件、模拟演练（虚拟）。他阐述了四个核心内容——"团结的秘密：集体凝聚力形成机制""忠诚的秘密：集体归属感形成机制""有爱的秘密：冤仇化解机制""同等尊重的秘密：歧视消除机制"。他用各种实验案例引领我们发现班级集体建设中的各种瓶颈，层层剖析，提出方案，解决问题。

我顿悟。学习，不断学习。仅仅靠老班主任的经验，看到的只是浮在冰山上的现象，而冰山下的，还需要进行科学研究，才能找到根源，才能找到解决的办法，才能帮助自己、帮助学生、帮助家长，一起改变那种痛苦而无助的局面，获得一起成长的幸福。

在一次科研会议上，叶建老师鼓励我们用研究的足迹串起我们成长的岁月。我问叶老师："课题从哪里来？"叶老师说："问题即课题。"在一线工作的老师，遇到各种各样的问题，捕捉小问题，形成小课题，解决这个问题的过程，就是科研过程。

这个"问题班级"，就是当下的一种问题？于是，我开始转变自己的思维方式。

清华大学彭凯平教授在追踪研究30万中小学生后发现，人工智能虚拟技术的不断应用和普及，学生容易产生四无现象："学习无动力，对真实世界无兴趣，社交无能力，生命无意义感。"情况符合！我看到了班级问题的原因是学生成长中的冲突，源于心理的问题、情绪的表达、生命的体验。即便解决完一个问题，仍会再出现一个新问题，会一直在处理问题的路上。要根本解决问题，先要思考问题的结构性。

有冲突就是有需要。我开始研究学生的成长需要，凡有利于学生发展的，我都去研究，关注积极心理学、关注情感表达、关注冰山理论、关注生命教育、关注家庭促进法。我想到了中医的治未病，在心理建设上使用前期干预，通过塑造个体的积极心理品质，让学生感受到学习生活的幸福感，减少心理问题的发生。

如何找到支架？作为语文老师，我以打造特色的班本课程为平台，把"二十四节气"自然教育与人格品质培养相结合，节气与气节相结合，在课程活动中积极鼓励引导学生发扬身上的积极因素，在活动中帮助学生战胜消极负面的情绪，养成健康积极、正面乐观的良好心理品质，从而促进学生的全面发展。

创新出成果

带班第二年，我遵循科学研究规律，打造班本课程，从课程管理、课程功能、课程实施以及课程评价进行设计，于是做出了第一个班级课题《基于二十四节气班本课程的小学生积极心理品质培养的实践研究》。

我的班会课，不再是说教；我的语文课，不仅仅只有练习。我用文化特色串起零碎活动，在班本课程带领下做好班级文化建设，塑造学生的积极心理，培养学生的美德。

结合顺德本地区物候、食材，根据学生爱好与特长，组成美食劳作组、耕种劳动组、天文组。循时令而种，顺时令而食，学生通过了解节气由来以及天文、地理、人情、民俗，养成拥有好奇心、热爱学习、热情的积极品质；通过"春种秋收"的耕种实践，体验付出的艰辛和收获的喜悦，养成勇敢、坚持、宽容的品格；通过烹时令美食，在实践中体会劳动成果的收获，养成感恩万物、敬畏生命的品质。

学生课间的精力转移在花草种植中，学生打闹的频率减少了，同时，每个周五的班会课，我把解决行为问题与种植过程巧妙结合在一起，例如植物身上的小虫子就像一个个坏习惯，悉心照料的苗苗长得粗壮，才能结出果实。我的奖品换成了各种蔬果：番茄、白萝卜、青椒、青葱……学生回到家里，和家人一起做成"一道菜"，分享自己的进步与喜悦。

班会课的场域扩大到家庭中。在美食活动中，学生热情高涨，和家长一起烹饪，如立夏五彩饭、小暑绿豆沙、大暑酿苦瓜、冬至晒腊肉等，学生分享的不仅是美食，更是内心的"收获"。不仅仅是学生收获，家庭也在"收获"。在这样的课程安排下，家长看到了孩子积极的另一面，学生与家长成了合伙人。

我开始组建团队，和课题组老师们合作，在不同的班级里进行实验探索，遵循儿童兴趣观、学习观、方法观，提炼解决当下学生"四无"现象的路径，让学生从"四无"变成"四有"——学习有动力，对真实世界有兴趣，社交有能力，生命有意义。

扎根在班级中的我的第一个课题成果就这样慢慢发酵：把教育前置渗透，及时发现和关注学生的心理问题，采取有效措施进行干预和疏导，降低心理问题的发生率，达到课程育人预期效果。

我的视角开始转变：我们放下姿态，走进学生的内心世界，与他们进行密切的交流，每天进课室，我都微笑，无论多糟心的事情，首先看到的是孩子的内心，不再只被外显的行为所激怒。班级处于这样稳定的磁场中，学生情绪转好，学会了正确表达。

成果有回声

撬动了冰山下的根，班级的行为问题渐渐减少，但是，既要兼顾学业成绩，又要重视品德教育、行为引导、情感表达、心理建设，感觉每天都在疲于奔命。这样做，到底有什么意义呢？

带着思考，我听了南京大学齐学红教授的讲座：《从规范管理到生命叙事——时间管理与班主任职业生涯规划》。齐教授指出，现实生活中有的班主任每天工作脚不沾地，一地鸡毛，生命在一点点消耗，却没有留下痕迹。生命诚可贵，时间很匆忙，学生和老师都应该有职业生涯规划，要为自己留痕，察觉生命的状态。

齐老师提到"收纳"时间法。学会"整合"，不断地利用碎片时间，整合工作，从忙乱状态走向有效具象化，关注自己生命的状态，即使一地鸡毛也要把它扎成"鸡毛掸子"。

有了时间意识，还要有生命意识。在有限的时间内，班主任如何创新自主发展空间？如何保持饱满工作状态，将制度中的规定动作转化为自主动作？

齐教授指出两大改变：第一是需要看待的心态和角度转变，如组织学生活动，虽然会很累，但能感受青春的活力。第二是班级经营理念的转变，班主任需要从注重班级教学和管理向社会化和个性化功能转变。这种转变不仅仅是理念上的转变，更需要在实际工作中不断地探索和实践。班主任需要不断地从探讨治理之术转变为寻求经营之道，不断地注重班级内文化的浸润作用。

我开始记录班级生活史：《从打压调皮蛋到树立男子汉》《从婆妈说教到行动口令》《爱到无能为力也要爱》《心甘情愿是座桥》《藏起一半爱》。某学生自从妈妈生病去世后，性情大变。刚开始我想用母亲的爱给予他更多，也以母爱的名义纠正他的不良行为，但是事与愿违，他不断顶撞，甚至对立。我心痛、迷茫，直到认知改变：原来失去母爱的他需要的不是我的"同情悲悯"，而是"共情同理"，只有同理心、共情力，才会让他感受到我的爱。于是，我藏起了一半的爱，上了一节主题班会《生命中的别离》，观看《寻梦环游记》动画片，猪皮哥说，死亡并不可怕，可怕的是被人遗忘，生命可以消失，但爱会延续下去。朗读《一片叶子》绘本故事，丹尼尔说，生活的意义就是为了享受太阳和月亮，为了一起过那么长一段快乐时光，就足够了。我递给他一把打开心门的钥匙。他也把爱藏进了作文里，写妈妈甜甜的笑，写妈妈细细的叮咛；平日里的沟通，我用"问"代替"告诉"。他感受到被尊重，在启发与反思中回归了，开始驰骋在绿茵草地上追逐他热爱的足球。

原来德育思维需要不断优化。班主任做研究，是班主任专业化新的生长。我坚定地告诉自己，坚持做下去，由治班到带班，形成自己的带班主张，享受研究过程中的快乐。

带班第三年，我开始将之前语文课堂上的"传统与创新，经典润童心"的成果扩大化，以诗润德，启智润心，第二个班本课程诞生了。我打造"三立筑基：中华优秀传统文化赋能小学班本课程"，将中华优秀传统文化融入小学班本课程，发挥其独特的育人价值，培养明大德、立大志、成大才、担大任的新时代好少年。

在科研的引领下，我紧跟时代要求、学生的需求，以"立德树人"为核心，进行小学生"三立"（立品、立志、立行）的德育实践教育，借助主题班会"通识+"有效策略实践探索，充实肌体之根、文明之根、家国之根。班会课作为"通识"内容实施的主渠道，"+"表示家校自主结合、参与社会实践、感悟反思，搭建平台展示，在活动中育人，培育向上、向善的班级文化，增强"以文育德"的实效性，促进学生思想道德品质和心理品质的健康和谐发展。

随着课程的开展，在真实教育场域中不仅给予了学生积极的情绪价值，还有成功的希望。同时带动了家长，改变了家长的教育理念，家校协同育人，班级的变化越来越大。在学校的各种比赛中，班级同学都支持参赛，每次都满载而归。让他们多为集体做事，让他们投入其中，付出越多、贡献越多，对班级的情感越深厚、越忠诚，对集体的归属感和忠诚度就达成了。

在科研路上，我与时俱进，领悟到除了爱和责任，还需要读懂学生，遵循教育原理，施受不错位，才可以双向奔赴！

在科研的引领下，我开始把备课本当成教育研究记录手册，记录教育故事，写反思，多篇论文得以发表；把班会设计当成了研究设计，多个录像课获奖；主动查阅文献资料，了解问题存在的根源；为了找到解决方法，我还会不断创新，课题研究结束后，还能转变为成果，这些大大小小的"回声"，足以让我感到精神富足，身心愉悦，同时，也成了我的特长、兴趣，从喜欢、愿意到幸福。

研究有天地

2024年又接手一个新班，这个班正能量足，学生们乖巧。打造什么样的班级特色呢？我关注到国防教育。

2024年9月15日是第9个全民国家安全教育日。在校园中开展系统的国防教育，普及国防知识，增强学生的国防意识，已成为当前教育的重要任务。

在这样的时代背景下，我打造少年国防班特色，积极组织班级活动。我和学生一起唱军歌《长大要当解放军》，一起设计班徽，一起阅读航天、航空、航海的图书，一起上主题班会《心怀国防梦　争做好少年》，引导学生们了解现代国防知识，培养他们的国防观念，种下一颗军人梦想的种子。班级形成了一种浓厚的国防氛围：少年担当，国防先锋；少年志壮，国防荣光。学生们对国防事业充满了热情和向往。

我们开展了一系列丰富的活动。学生们通过手抄报、主题班会、"小小军事家活动"等形式，深入了解国防知识，感受国防事业的伟大和崇高。在班级文化建设中，我们特别强调了信念的培养。我们通过学习"时代楷模"人物的事迹，引导学生们树立正确的价值观和人生观。我们坚信，只有具备坚定的信念和爱国情怀，才能成为真正的红星少年。

学校提出创编课间十分钟游戏。如何利用这短暂的时间，既保证安全又能有效释放学习压力，让大脑得到放松，同时以"规整"意识，可以紧扣班级特色？同学们发挥创意，发明了一种名为掌上"攻防"的课间游戏：游戏简单易行，人数不限。游戏中，通过拍手来示意和互动，不同的手势代表着不同的意思。例如，掌心向上拍手可能代表装弹，掌心向下则可能代表射击，双手抱胸表示防御。同学们可以根据自己的创意，开发出更多的手势和规则，使得游戏更加有趣和刺激。

在拍手的过程中，同学们不仅锻炼了手部的肌肉，还刺激了身体的血液循环，有助于缓解长时间学习带来的疲劳感。同时，各种手势的变化也锻炼了同学们的思维能力，让他们在游戏中不断转变思维，提高反应速度和创新能力。在欢快的氛围中，同学们不仅释放了压力，还收获了友谊和快乐。

研究+行动，让我每天都感到满意、感到快乐，充满希望、充满力量。

再也不是杂乱无章的活动，再也不用为班级特色烦恼。教3年，看3年，心里想着60年，班级的品牌和带班的风格就在不断研究中形成。

结　语

科研带班，高位发展。写班级叙事，用专业的态度、眼光对待日常的工作，把抱怨变为发现，把问题变为课题，感受到解决问题的意义和价值。从过多关注分数转向关注生命发展，打造新的课程，改变学生的生存状态；研究学生的成长需要，改变教师的教育方式，被专业认可，被学校认可，被学生认可，也得到自己的认可，这四种认可得到的满足感，就是精神上的幸福。

家访进行时

夏　霞

广东省佛山市顺德区鉴海小学

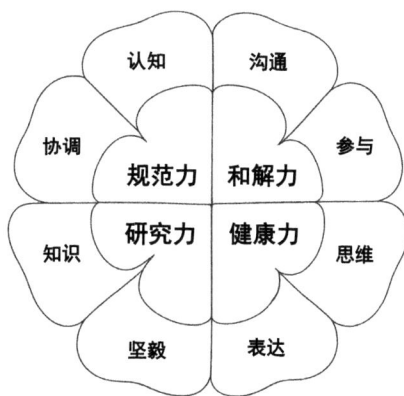

家访是连接家庭教育和学校教育的有效途径。我从家访实践中感受到做教师的幸福，并在教育教学工作中不断提升自我的幸福力。基于家访的经验与智慧，我对教师幸福力"四力"的理解如下：

规范力：在教育教学发展的领域里，规范力是教师必备的。教师的协调能力是规范力的体现，教师不仅要洞察每一个学生的内心与行为表现，更要尊重个体差异，因材施教，因势利导，运用科学方法规范家庭教育。让家长对现代育儿有新的认知，使家庭教育跟上时代。

和解力：就是亲和力。教师要获得学生的信任，学生才会亲近教师。学生与老师之间的相互理解并不只是建立在课堂上的，更多的是建立在日常沟通与共同活动中。多与学生、家长沟通交流，建立良好的师生关系、家校关系。和谐的家庭关系也是和解力的表现。

健康力：家长在保障孩子的身体健康的同时，要加倍关注孩子的心理健康。教师要引导学生走健康之路，教导学生遇到问题要学会正确表达情绪；同时要指导家长学会自我调整，运用积极思维、积极语言，规范自我，用自身榜样的力量来影响孩子，让孩子生活在愉快、和谐的家庭环境中。

研究力：教育是一种力量，可以激发我们的潜能，让我们成为更好的自己。我不断地进修学习，积累专业知识，边学边用边反思，年复一年，运用到我的教育教学工作中来解决问题。同时紧跟新时代的步伐，研究《中华人民共和国家庭教育促进法》，让依法带娃的理念进入千家万户。我积极参加家庭教育指导师的研修学习，现已成为持证家庭教育指导师。

第一个脚印　积蓄能量，爱我所爱

我在爷爷的影响下终于成为一名小学老师。从教的第一年，我每天都会写日记，记录当天的琐事，遇到不开心的事时我会反思自己，同时多看看教育学、心理学相关的图书，并尝试着在教育教学中加以运用。

我从教的第二年（2000年），班里有个小女孩（小慧）下午放学打扫完教室后，我准备关门时，她说她不想回家，就在教室里住着。当时我很惊讶：那时学校四周全是田地，黑乎乎的一片，晚上很恐怖，四年级的她怎么敢那样？我问她是不是不舒服，她摇头；问她是不是与同学闹矛盾，她还摇头；我说我亲自送她回家，她也摇头。我问了好久，她都摇头。她什么都不说，我选择安静地坐在那里陪着她。天渐渐地黑了，我也开始有点害怕了（学校离我家有三公里，全程没有路灯，我骑自行车上下班）。但我坚持安静地陪着。几分钟后她终于抬起头说："我不想回家。"她没有哭，只是一脸沮丧。

我问她为什么不想回家，她说爸爸妈妈都不喜欢她，只喜欢弟弟。她说她每天放学回家就先煮饭，再洗菜，最后才写作业。可是当她不陪弟弟玩时，弟弟就哭闹，妈妈就骂她，甚至弟弟受伤了还打她，爸爸较少在家，也不管她，她得了奖状也没有人看一眼。

我明白了：这是重男轻女的思想在作怪。看着她可怜巴巴的样子，我立刻把她抱在怀里。她哭了起来。许久之后，她听了我的话，她愿意回家了。

我送她回家，刚好她爸爸、妈妈都在家。我向她爸爸、妈妈反馈了她在学校的表现及学习情况，也表达了我对她的喜爱与期望。我与家长分析了重男轻女的思想对女孩的伤害。

她爸爸听了我的话后沉默不语。最后，在那漆黑的夜晚，她爸爸提着手电筒、骑自行车，送我回家。

一年后，我调去了其他学校，再没见过这个孩子，但她先后给我打过三次电话表达她的感激之情。那一晚，我知道，我真的爱教育，爱自己的学生。

第二个脚印　主动沟通，搭建家长和老师间的绿色通道

我爱我的学生胜过爱我自己，这是真的。学生经常把家里门前屋后种的花送给我，而我呢，常常把自己喜欢吃的小零食留下来与学生们分享，这种亲密的关系非常好。我对待学生从不偏心，不会以成绩待人。我认为作为班主任，育人为主，学生的学习成绩只是教育的一部分，学生的德、智、体、美、劳全面发展才是最重要的。

我带班有一个不好的习惯，那就是很少与家长沟通，从不向家长打小报告、投诉。因为我认为家长很忙，同时教育好孩子是老师的事，毕竟家长把孩子交到学校老师手里了，老师要尽力为家长解忧、教好孩子。但事实上并非如此。绝大部分家长都很关注孩子的发展，有一部分家长对待孩子的教育非常用心。

2003年的一天，下午放学了，一位家长来到教室找我。我无法从她的表情判断她的来意，我心里有点不知所措，她家孩子听课认真、劳动积极、成绩好，是班里同学的榜样。这位家长的来意是什么呢？她坐下，我向她反馈了孩子在校的情况，并夸奖她育儿有方，她的孩子是同学们的榜样，她是家长们学习的榜样。她似乎看出了我的心思，说："我今天是专程来接孩子放学的，同时与老师您谈谈心。我想问一下，瀚瀚这个星期是不是没有听讲？"我惊讶地问："您怎么知道的？他回家说的吗？"她平静地说："其实我每天晚上都检查孩子的作业，以前的作业只有一两道错题，很多时候全对。但这一个星期里，他的作业很多都错了，还说老师没讲。

我仔细一看，生字组词以前都是会做的，我猜这类知识老师不可能没讲，肯定是孩子没听讲。"听家长这么说，我顿时很感动。

这位家长也太优秀了吧！竟然如此了解孩子和老师。她不仅值得家长们学习，也值得我学习。她这一主动沟通的行为给了我很大的启示。接下来，我如实汇报了孩子这一周里反常的表现：周一开始，语文课上玩小玩具，经我提醒一次后收起来了；周二道法课上玩小玩具，课间了解到这个玩具是他爸爸出差带回来的，很珍贵，我提醒后他就没再玩了，一个二年级的孩子，有这样的自律，也不错的；周三也是上课偷玩，经提醒后就不玩了，我本打算给孩子最后一次机会，如果他周四还玩，我就要没收玩具了。我没想到就在周三下午放学时孩子妈妈来找我了。家长并没有责怪我不跟她沟通。她很理解我对孩子的尊重，她只是敏锐察觉到孩子的变化，及时查找原因，尽快调整孩子的不良状态。经过我们的交流沟通之后，她表示她不会责骂孩子，会跟孩子好好沟通，玩具依旧由孩子自己保管，但是不能带到学校。孩子在家认真完成作业后，可以由妈妈陪着玩十分钟。

至此，我明白了：及时与家长沟通是解决问题的有效方法。在沟通中要学会倾听，学会理解家长，也学会与家长心理互动，我们与家长一起解决的是同一个问题。家长的主动沟通让我和学生都少走了弯路，及时止损，真好！

第三个脚印　尽我所能，引领家长走出传统教育误区

2017年深秋的一个早上，我如常地带领着全班学生做早操。当天学生到校很齐，没有人迟到和请假。在学校操场边上出现了一位家长，只见那位家长急匆匆地跑进学校，四处张望。这时，学生告诉我，说婷婷的妈妈来了，我便走过去跟她打招呼。她问我："我们家婷婷来上学了没有？"我

肯定地告诉她，婷婷在学校，她还是到处张望。我见状，便叫来了婷婷，她见到了婷婷，很安心地说："哦！原来她在学校呀！那我放心了。"她急忙去上班了。

事后，我觉得蹊跷。我利用课间的时间与婷婷聊天，她只是平静地告诉我她今天自己上的学，没有要妈妈送，所以妈妈担心。但我觉得没有这么简单，只是她什么都不再说了，我只能从侧面了解她的情况。我悄悄地动员她的好朋友与她聊天，然后悄悄地向我反馈。我得知她手腕上有伤痕，她还说不开心。我再次找婷婷谈话，问着问着，婷婷竟哭了起来，她说她爸爸妈妈不爱她，爸爸经常打她，她不想活了，昨晚在睡觉前用小刀割自己的手腕，割破皮流血了，又害怕了，就没再继续了。其实她是个乖巧的女孩子，写字漂亮，听讲认真，成绩优良。这样的孩子怎么会被爸爸打呢？看着婷婷伤心地哭着，我更加心疼她了。我决定去她家里看看。

当天下午放学后，我约上陈老师一起到婷婷家里去。婷婷的妈妈热情地向我们介绍了家庭情况和婷婷在家的表现。婷婷的爸爸、妈妈都很忙，她还有两个哥哥，但都不在家。婷婷长期单独在家，妈妈是尽力做好饭放着，婷婷自己一个人吃，吃完饭就写作业，然后睡觉。妈妈对孩子的表现比较满意。妈妈反馈：这两天在收拾房间的时候，发现婷婷房间的墙上写着"自杀、想死"等，她很是担心，所以就急匆匆地跑到学校看看婷婷有没有什么事。听了婷婷妈妈的反馈，我觉得这肯定事出有因：那么乖巧的一个女孩子，怎么可能会想死呢？

我们四人面对面地坐着，我一直在表扬婷婷，身旁的陈老师也一直在夸赞婷婷，妈妈也没有责备婷婷。婷婷见状，也就敞开心扉，说出了心里压抑的原因：爸爸经常会骂她，偶尔还会因为考试成绩不理想而打她。很明显，是爸爸的教育方法出了问题。对于婷婷的描述，妈妈表示属实。同时，妈妈也很无奈：婷婷爸爸是有些大男子主义。

这时，我问她们，婷婷的爸爸什么时候回家，我们等他回来，与他好好沟通。妈妈似乎看到了希望，说爸爸在楼上休息，上楼把爸爸叫了下来。我认真地跟他讲述了今天的事情，他承认是因为有时工作忙、情绪不好而很不耐烦，会对婷婷不满，也不去了解婷婷。我当即否认了他的教育方式，他很不服气地说："婷婷的两个哥哥，也是这样打骂的，两个哥哥都考上了大学，就是婷婷不争气，成绩不理想。"此时，我感觉到他的思维被禁锢住了，教育方法陈旧。

于是我用自己的亲身经历告诉他：男孩子、女孩子的发育与心理素质都不一样，不可以用对待哥哥的方法来教育婷婷。女孩子心思细腻，性情温和，心理也比较脆弱，但女孩子比较愿意听老师、父母的话。教育男孩和女孩的教育方式略有不同。经过沟通，婷婷爸爸半信半疑地看着婷婷，然后说："那我以后不打你了，你要乖一点，考试成绩好一点，像哥哥那样考上大学才行呀！"此时，我借机给了婷婷建议：多看书、多写日记，学会表达自己的情绪。婷婷答应了。

家访结束，家长热情地送我们出巷口，我如释重负地回家了。两年后的一个早晨，我步行上班，突然一辆车停在我身边，喊"夏老师"，我望了望，一时没有认出她是谁，她说她是婷婷的妈妈，她一直都记着我，很感谢我两年前那次家访，如今婷婷成绩也进步了，爸爸也很疼爱她……由于时间关系，都匆匆忙忙赶去上班了。但从婷婷的进步中我可以感受到她的家庭教育有了很大变化。

对于我来说，家访已经是很平常的事，通过家访帮助家长解决问题是我的职责，也是我的快乐。

第四个脚印　能量传递，引导家长直视问题的核心

在班主任工作中，与家长保持联系是很有必要的。毕竟孩子在学校里，家长对孩子的了解不够全面，希望老师能与之沟通，促进亲子关系。

2023年，我发现班里有4个孩子言谈举止很特别，在进行了一段时间的深入观察后发现，这几个孩子有多动症的嫌疑。我主动与家长沟通，多次进行家访，反馈学生在校的表现，同时了解孩子在家的状态。经过半年的频繁交流后，我才提出疑似多动症的观点，并建议求医。但家长一开始并不接受我的观点，毕竟谁都不想承认自己的孩子有问题。在我的坚持下，家长们利用假期带孩子去看医生，结果发现：三个轻度多动症，一个重度多动症。确诊之后，家长对我是刮目相看，非常感激我有着深厚的专业知识，让他们能及时地认识到问题的严重性，最终孩子们得到专业治疗。

有了医生的诊断与指导治疗之后，家长们学习了许多正确的育儿方法，对自己孩子的教育方法做了调整。例如：小C进行了专注力的专项训练；小L的行为需要家长频繁干预；小T在家长的带领下进行治疗……这些孩子在得到了科学的治疗后进步非常大，转变很快。同学们都惊讶于他们的改变。我想，这就是科学的家庭教育的力量吧！

家长对孩子的爱是无私的，是伟大的，但家长的爱不一定是正确的。开展家庭教育指导工作也属于班主任的职责。当然，我觉得我在家庭教育指导这条路上还只是起步，要想走得更远、更深，还需要更多地深入家庭教育、学校教育、社会教育，融会贯通，努力提升自己，帮助更多的学生、更多的家庭得到幸福。

结　语

教育要跟上时代的步伐，要科学育儿。教育要与时俱进，要与家庭、社会合力，努力创建健康、和谐、愉快的生活状态。作为班主任，我将继续保持平和的心态，积累心理学、社会学、交际学等各学科知识，正确定位自己，持之以恒地做好家访工作，在日复一日看似平常、平淡、平凡的工作中不断发现新奇、新鲜、新意，体会到自己的教育智慧在学生身上得以验证的满足感和成就感，让我感受到我与同事、与学生、与家长的共同成长。我将继续我的家访之路，使《中华人民共和国家庭教育促进法》进入千家万户，让每一个家庭的生活变得更美好。

陪你走过青春路

阮嘉雯

广东省佛山市顺德区玉成小学

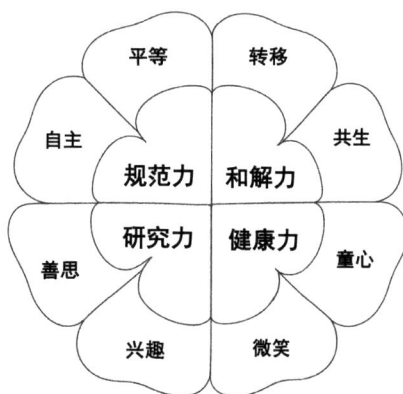

我是一位年轻的班主任，遇见一群稚气未脱的孩子，陪伴他们走过那段青涩懵懂、跌跌撞撞的青春路。沿途美好，相互辉映，拂面而来的是满满的职业幸福感和沉甸甸的班级管理良方。基于年轻班主任的工作热情与智慧，我对教师幸福力"四力"的理解如下：

规范力：是班级管理得以顺利开展的有力保障，也是一位年轻的毕业班班主任幸福力的重要来源，抓住黄金时间，发挥规范力的最大效能，自主和平等的理念应该成为其中重要的主导。可以放手让孩子有更多自主的权利，让他们自主制定"条条框框"，达成班级规范的最大效能。还要稳住教育的天平，让学生感受到老师的公正。

和解力：转移和共生是达成和解的两大法宝。通过转移问题学生的关注点，发掘他们的闪光点，实现师生的共生共长，和学生和解；通过转移家校之间的问题沟通点，化投诉为鼓励，化唯成绩论为身心健康说，挖掘家校双方沟通共生的切合点，和家长和解。

健康力：永葆童心，对于每一位小学班主任而言，都是必备的修养，更是让我们能够在繁琐的工作中仍能保持健康活力的特效药。微笑，是最美的语言，它可以拉近和学生心与心的距离，书写教学幸福的篇章。

研究力：保持学生高昂的学习热情，保持浓厚的学习兴趣，一直维持到毕业，这成为班主任必须研究的课题。除此以外，学生行为偏差问题，也让班主任头痛不已。因此，善于从各类复杂的学生问题中，去反思、去总结，把每一次问题处理当作"小课题"研究，在"身经百战"后，会迎来最幸福的"高光时刻"。

第一站　换道和接轨上路

青春期的孩子，自我意识增强，他们认定的人或事，有很强的主观判断和喜好。作为一名年轻毕业班班主任，能否俘获他们的心，是我首先要解决和研究的问题。

接新班还不到两周的时间，我总感觉我和这群处于青春期的孩子还存在着很大的陌生感：上课他们总是跟不上我的节奏，我常常因为他们达不到我的教学预期而对他们发火。课下，我听到孩子们的评价："阮老师，太严格了，上课节奏太快了，我都跟不上。""我不太喜欢阮老师，还是之前的老师好，阮老师给我们的学习压力太大了！"我理解，毕竟上一任班主任连续教了他们五年之久，他们对上一任班主任的情感之深是我这个"后妈"不能代替的！我需要研究对策。

我利用课下找到几个孩子，问："你们喜欢怎样的班主任？""怎样的课堂，才是你们喜欢的？"孩子不假思索地回答："我喜欢多组织活动的班主任！""我喜欢在玩乐中学习的课堂！"我恍然大悟：不能因为繁重的学习压力把孩子们的童心给抹杀掉！恰逢中秋佳节，我选择了放缓我的教学，给孩子们来一场中秋灯笼制作会，让我们师生好好地"玩一场"。

那一天，孩子们一如既往地端坐着，等我进入教室。在我进课室的那一刻，孩子们沸腾了："老师，您这是要做什么？""老师，今天我们不上课了吗？"小嘴叽里呱啦，别提有多开心了。"过两天就是我们的中秋佳节，这节课，我们就来小组合作制作灯笼！"话音刚落，孩子们纷纷拍掌，迫不及待的心情溢于言表。经过40分钟的制作，各式各样的灯笼呈现在眼前：有的小组为灯笼赋上了中秋小诗，有的小组为灯笼画上精致的图案，有的小组为灯笼"添砖加瓦"，整场活动，好不热闹！最后，我为他们拍下小组成果展示照片，孩子们那无忧无虑的笑容被拍下来。"老师，你和之前的班主任不一样，您对我们真好！""老师，谢谢您，这个活动，我们很喜欢！很开心！"这节课的快乐已经深深刻在他们的脑海中，成为他们小学生涯中不可抹去的色彩；这节课也成了我和孩子们改善关系的助燃剂，孩子们在这次课后和我的关系更加融洽了，也更愿意跟我分享他们的事情，班主任满满的幸福感如约而至。

第二站　冲动和自我规范

大部分毕业班的"淘气包"都用了一种错误的方式去彰显自我，他们企图用暴力的方式去显示自己的强大，爱"团伙犯案"，壮着胆子企图挣脱班规、校规的束缚。

那一天放学，我接到了一通家长给我的电话："老师，现在学校里出现校园欺凌的现象，你们都不管不顾吗？今天我儿子回家就很不对劲，我问了他好久，他才放声大哭，说前两天上厕所的时候，班上有几个孩子把他关在厕所里不让他出来，好不容易出来，竟然一起把他按在地上，没人愿意扶他起来。您知道他当时有多无助！多绝望！"听了家长这番话，我不禁打了个寒战：校园欺凌？这到底是怎么一回事？

"家长，您先冷静，我会了解清楚事情的原因，给您一个反馈，给孩子一个交代。也请您一定要告诉孩子，以后遇到被同学欺负第一时间要找到老师，老师一定会帮助他解决问题的！""孩子说，告诉老师也没有用，老师也治不了这些'恶霸'，他们死性不改！"听了家长的话，我大为震惊。教育的天平从来不会向这些顽劣的小孩倾斜，纵容这些孩子就等于害了他们！每个孩子都应该相信，老师永远是他们最有力的避风港，在班规和校规面前，理应人人平等。明天我一定要狠狠地治一下这群"小恶霸"！

第二天，我找到了几个涉事的孩子，了解了事情的起因，"淘气包"

们竟异口同声地说："老师，是那个同学先骂了我们，我们才想着跟他开个玩笑……"听了这话，我心中原本要释放的怒火瞬间熄灭，听了他们的"委屈"，我还是决定静下心好好跟他们说："你们知不知道，因为你们一时的冲动带来的恶作剧，已经对班上的这位同学造成不可磨灭的心灵阴影。有什么事情不能第一时间告诉老师呢？非得你们自己动手？"为了让"淘气包"们长点教训，我还是要给他们上一课。"你们最近有听过一则三名初中生，杀人埋尸的新闻吗？""听过……"几个淘气包默默低下了头。我继续追问："你们有没有想过，当那个孩子被三名同学袭击的时候，该有多绝望？该有多无助？你们今天欺负同学的行为，跟那三名初中生，有区别吗？万一被欺负的人是你，你又有什么感受呢？"几个"淘气包"被我问得哑口无言，只是把头埋得更低了。为了让他们学会"自控"，改掉冲动的坏习惯，我拿出几个信封、几张信纸，我要让他们自主发现自己的错，并主动改正。"现在，针对你们喜欢在洗手间，进行'厕所社交'的行为，写下几条规定，作为我们班规的补充，你们每个人都是班规执行的第一监督者！"

　　几个孩子"共商大计"，群策群力写下了"厕所社交的几点注意事项"："不得在洗手间玩耍，迟迟不回教室；不得在洗手间关同学的门，欺负弱小；见到同学在厕所被欺负，要及时伸出援手……如有违反，要为班级做相应的好事，弥补自己的错误。"我让几个孩子，把自己制订的"大计"在班级进行宣告，班上的同学通过举手一致表决通过。我顺势让这几个"淘气包"当上"小官"，让他们成为得力的管理员，负责监督，同时也让他们在管理的过程中，认清自己的过错。同时，我在全班表态：在老师看来，所有同学都是我的孩子，我都会一视同仁，只要你有困难，就找阮老师，只要你被欺负了，就让阮老师来帮你解决，要相信，老师永远都是你们的依靠！那位被欺负的孩子点着头，我想我的这番话，或许能让他那颗心稍感温暖。

第三站　叛逆和"投其所好"

青春期的孩子处于青春叛逆期，个人主观意志比较强，他们常常气得家长抓耳挠腮，他们总是用各种奇怪的行为来表达自己内心的抗争。

她们是双胞胎姐妹，也是家长、老师口中的"叛逆分子"。课上，小琴因为同桌打断她看小说，当场臭骂一通；小燕则因为数学老师在课上收了她的小说，竟在课上跟数学老师来了个"唇枪舌剑"！家长天天打电话给我，跟我抱怨两姊妹不学习，不写作业，就知道看小说，说两句，竟然关起了房门！看来，两姊妹的叛逆，都是有迹可循的——小说是罪魁祸首，小说也是引燃她们情绪的导火索。没收她们的小说，就是剥夺了她们的"最爱"，会引起她们极大的不满和反抗。我不敢"轻举妄动"。

直到那一次作文草稿上交，我才发现，两姊妹竟然在写作上有着极大的天赋。我豁然开朗：为什么不能让看小说成为她们上进的催化剂？课上，她们又在看小说，我见状调侃："我终于知道了两姊妹文笔如此好的原因"，班上同学马上附和："她们课上看小说。"她们一听脸羞红了，马上把小说收好。课下我找她们："小琴、小燕，老师知道，你们特别爱看小说。小说可以看，但一定要取精华来看，分清看书的时机，学会物尽其用，吸取精华用到自己的文笔创作中。"我顺势和她们约定："老师特别喜欢你们写的文章，希望你们继续坚持对文学的热爱，你们把作品写好，积攒了一定数目，老师给你们办一个作品展！不过，你们要答应我，课堂上不能再看小说了，要认真听课。"她们听到我要给她们办展，特别激动，连声答应。从那次以后，她们改掉了课上看小说的毛病，她们的习作也成了我作文评讲时的范文。

双胞胎的家长又给我发来了信息："老师，我真的都要气死了，她们作业不做，总是在那里看小说！我管都管不了！"此时，我并没有按以往那样回复家长说，明天在学校当面教育孩子，而是把两姊妹写的作文发给了家长。"您先静下心，看看孩子的文章，写得可真精彩，我总是拿她们的文章当范文。其实，每个孩子都有特别擅长的地方，你应该为你的孩子有这样的天赋感到开心，您的孩子对文学如此热爱！保持包容，和孩子们和解，和自己和解，您一定会发现很多奇妙的东西。"听了我的话，家长回了我很长一段话："阮老师，感谢你，我从来都不知道她们的作文能写得这么好！一直以来，我只觉得她们学习很差，所以我们根本没花心思在她们的学习上，总让她们去练体育。看了她们的作文，真的很感动！作为母亲，我实在太惭愧了！谢谢你今天告诉我这些我不知道的秘密。我想我该好好调整我的教育方式，不能再像现在这样激进了。孩子的叛逆也是我造成的，我一直逼着她们做不喜欢的事情……"看完此话，一股暖意涌上了我的心头，或许这就是我们当班主任的使命，当使命达成，那份成就感会成为脸上的红晕，让我们尝到那抹幸福的甘甜。

可喜的是，美好的东西真的如期而至。两姊妹在最近一次的素养展示中，表现极佳，妹妹更是名次在前！我也如约给双胞胎姊妹在班上办了一个优秀作文展，全是两姊妹半学期以来精心雕琢的精品。两姊妹笑了，在阳光的沐浴下，那抹笑容那么让人动容。教师的幸福，总是降临得如此猝不及防。

第四站　厌学和彼此引爆

六年级第二学期后期，班级的学生经过一系列高强度的复习之后，在身心疲惫的情况下，难免会倦怠，尤其是成绩不太理想的同学常会出现"集体摆烂"的状态。兴趣是最好的老师，而教师的鼓励是让一个孩子兴趣膨胀的催化剂。

　　离毕业还有大概2个月的时间，孩子们都拍完了毕业照，甚至有些孩子已经明确了自己的初中去向，这个时期，孩子是最躁动的时期，特别是班上的后进生，由于长期知识跟不上，后期的复习课已经让他们坐立不安，骚动不已。"老师，他们在你的课堂偷拍烟卡！""老师，他们拿橡皮屑扔我！"一次一次投诉，让我不得不深思我的课堂是不是吸引不了后进生的注意。我尝试在我的课堂上，拓展孩子的知识面，让他们去见识一下他们目不所及的世界。

　　那天，要上的是一节附加题复习课。其中有一道题目，需要明确和"别"有关词语的用法。当问到"设宴送行"为"（　　）别"的时候，我先抛出问题："你们会用什么方法找到这个题目的答案呢？"我尝试用疑问引发同学们的思考。此时，出乎我意料的是，平时总爱趴着睡觉的小聪，对今天的课程特别感兴趣，他竟然举手，自信告诉我："老师，这道题应该选择'饯别'。"我听了格外高兴，大力表扬了他，问："今天的你特别勇敢！你能告诉老师，为什么你会选择'饯别'一词？"此时，他把手背在身后，略显紧张。我见状，微笑道："没关系，慢慢说。"有了我的鼓励，他像吃了一颗定心丸，回答："因为我看到'饯'这个字的部首，是食字旁，那就是说跟吃饭有关，而'设宴'刚好就是请别人吃饭的意思，所以我选择那个词。"话音刚落，我示意让全班把掌声送给他，送给这个平时上课总是发呆、学习上接近于放弃自己的孩子。那节课之后，我发现小聪像变了个人，上语文课时，特别感兴趣，已经可以看见他跟上了我上课的步伐，虽然偶有分神，笔记也记不全，可是这一切都看在我的眼里，每每看到他专注的神情，我都不会吝啬我的夸奖。

第五站　目中无人和目及是你

　　毕业班遇到的问题，绝不仅仅是学生学习上倦怠的问题。对于目中无人的刺头，他们的个性张扬，自尊心很强。我们需要放下姿态，真正做到"目及是你"，全身心去感受孩子的处境，理解他们恶劣行为背后的驱动因素，反思自己的教育方式和方法。

　　小德这个孩子，是个孤儿，性子特别倔强，班上同学都忍让着他，久而久之，变成了"什么都是他说了算"。自从我知道他的身世，便对他特别关照。殊不知，我的关照，竟然成了他的眼里"我的针对"。一次课上，我看到他走神了，下意识提醒他："小德，认真听课哦。"结果他竟理直气壮地说："我怎么了？我哪里没有认真听课了？"我顿时火了，明明我出于好意，提醒他要认真听课，不要错过重要知识，他竟然如此猖狂！觉得自己一点错都没有？作为一个孩子，竟然如此目中无人！不行，作为新接班的班主任，一定要让他尝尝我的厉害！总不能因为他的身世，在他犯错的时候惯着他！我用戒尺拍打着讲台，提高了音量："你给我站起来，好好反思！上课走神了，老师提醒你，你还有理了！"见他满脸不爽，依然纹丝不动，我再次发火："出去！"他只好愤愤地站到教室门外。

　　这场战斗，看似我赢了，可我输掉了小德对我的信任。自那以后，小德更是变本加厉，根本不把我放在眼里。上课铃响，他大摇大摆地出去装水；午休时，把床板弄得啪啪响，响个不停；任由你怎么耐心跟他说教，他一概不理会。这样下去，不是办法！作为年轻班主任的我，必须停下来，好好想想，到底是哪个环节出了毛病。难道是因为那一次课堂上我和他"战斗"，让他如今这么叛逆？为了进一步地了解真相，我向他的姑妈打去了电话，才知道小德从小就是脾气倔、爱面子的孩子，他怕出丑。一切真相大白！那一天的正面对战，犹如一把锋利的匕首，狠狠地刺在小德的心上，我不该当着全班的面如此训斥他，毕竟他是个从小失去父母之爱的孩子啊！于是，我找到了小德，跟他说了我的"不应该"，也真诚地跟他说了那天只是为了提醒他认真听课，并不是针对他。经过这一次交心，小德彻底放下了对我防备，慢慢接纳了我，也慢慢改掉了他的行为缺陷。

第六站　早恋倾向和微笑牵手

早恋，是每个青春期孩子必然要经历的"坎儿"。班主任不应该过多地责备和打击有早恋倾向的孩子，理解共情，正确引导，用微笑压抑心中的怒火，"要不要早恋"这个问题会随着他们自身的体悟，慢慢有答案。

小晴是班长，是成绩佼佼者；小浩，是班上的"小透明"，后来成绩有了长足的进步。我怎么都没想到，这两个孩子会在平时的学习生活中有了交集。大课间结束，数学老师叫住我："阮老师，你最近留意一下小晴，她总爱往小浩身旁凑，这里面一定有什么故事。"一语惊醒梦中人，我才发现，课上只要我让小浩起来回答问题，班上的同学则会不自觉地起哄，让小晴帮他回答，因为小晴语文课都是发言积极分子。于是，我想着，先从小晴入手，试探一下。我把小晴叫到身边，因为平时和她关系挺好的，我没有拐弯抹角，笑着问："小晴，最近班上的孩子，都在传你和小浩的事情？你老实告诉我，你有没有跟他在谈恋爱？"小晴听后，连声摇头，说："老师，没有没有，这段时间最重要的是学习。"我半信半疑："真的没有？""真的没有！"尽管如此，我还是选择相信了小晴。

本以为事情水落石出，可没过几天，班上同学又过来告状了："老师，不得了，不得了，小晴和小浩牵手了！"我听了同学的话，怒火中烧：小晴竟然骗了我！我还如此相信她！不行，必须把这件事情告诉家长！我拿起电话，迟疑了，想起当初自己还是初中生时，也有情窦初开的时候，不也曾对班上的男同学有好感吗？青春期的孩子，对异性充满好奇，想接近了解，这不很正常吗？此时，我压抑着我心中的怒火，要和小晴好好地谈一谈。我还是把小晴拉到我的身边。"老师，对不起，我骗了您，我喜欢小浩，就是控制不住想找他……"还没等我开口，她已经把自己的错交代清楚。此时，我已经不生气了，我微笑着拍她的肩膀："小晴，老师很理解，这个时期的女孩子对男孩子有好感，是正常不过的。爱情，是很美好的东西，但不应该是这个时候奋不顾身去追求的东西。升学时期，最重要的是你的学习，如果你分心了，你一定会后悔一辈子！""老师，可是我的学习成绩还是挺好的，我喜欢他，不会受到影响的。"我依然保持微笑，包容着她的不成熟，我默默把小浩近一次的语文成绩拿出来给小晴看："你看看小浩的成绩，是的，你的确还能保持成绩优秀，那你有没有想过，你这一份过于张扬的爱，对小浩造成了一定的影响？如果你真心喜欢一个人，不应该也想他跟着你一起进步吗？"小晴没有多说什么，默默低下了头。"小晴，你这么优秀，长大一定会遇到更加优秀的男生，一定要记住，不要在最宝贵的年华里，错失了女生最闪耀的东西——奋斗的青春。"

这段谈话过后，我也找了小浩。他是个腼腆的男生，我笑着拍了拍他的肩膀："放心吧，老师都跟小晴说好了，老师也相信，你一定知道这个阶段，什么才是最重要的。"小浩羞红了脸，向我点了点头。我也致电双方的家长，家长们表示会在家里积极配合，希望两个孩子明确这个阶段最重要的目标，和谐相处，共同进步。最后，两个孩子都守住了自己青春的底线，在小学毕业考试中，交了满意的答卷。

第七站　幸福见证和未完待续

　　毕业班的班主任不容易，年轻的毕业班班主任更不容易，可是一切的辛勤付出之后，终将会迎来甘甜的果实。我陪伴着毕业班孩子，帮助他们直面心中的恐惧，跨过成长的障碍，释放潜藏的光芒，破茧成蝶，开启新的人生篇章。我积攒着这群毕业了的孩子带给我的每一个幸福瞬间。

　　时序更替，送走的孩子，他们总会选择在凤凰花开的盛夏，回到他们最初梦想起航的地方，来看看当初陪着他们走过青春路的班主任——我。"老师，上了初中，我的语文成绩还是最好的！""老师，我真后悔，当初没有好好学习，现在上初中有点跟不上，不过，没关系，我一定会努力的！""老师，我数学第一次模拟考了90分！现在我都会认真听课，不打瞌睡了！""老师，很想念您，现在初中老师都不太管我们，那时候，您总是天天陪在我们的身边，真感谢您没有放弃我！""老师，您看，这是我参加校运会得到的金牌！"我想，这就是当毕业班班主任最纯粹的幸福吧！

　　青春终将散场，唯独记忆永不腐朽，幸福萦绕心间，我又有了更多引领孩子们走在青春路上的动力。幸福的篇章未完待续……

结　语

　　青春期，是一曲充满活力和激情的旋律，既承载着成长的苦恼，也交织着蜕变的喜悦。青春期的孩子，犹如拉线的风筝，他们渴望独立和自由，渴望挣脱束缚，探索未知的自我；他们也如奔腾的野马，他们不受条条框框的束缚，热衷于自我意识的表达，对荷尔蒙充斥的一切充满好奇；

他们更如迷途的羔羊，在成长的分岔路口左右徘徊，找不到前路的光芒。而我，作为这群孩子在小学阶段最后的接棒人，任重道远，在这段引领他们成长的道路上，我迷茫过，挫败过，也成长过。作为一名年轻的毕业班班主任，青春的悸动依然敲击我的心灵，以我心靠近孩子们的心，我在不断的"碰壁"中，陪着他们走过了一段又一段坎坷的青春路，抚平伤口，照亮前行，站站难关，逐个攻克，迎来了一路芬芳，收获了一路幸福……

积极沟通，幸福知行

张文英

广东省佛山市顺德区顺峰小学

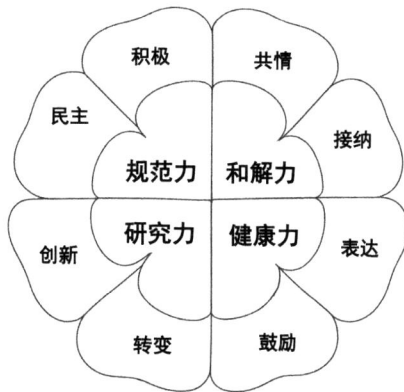

我是一位老班主任。在班级管理工作中常常遇到亲子沟通不畅而引发家庭问题，适时给家长和孩子专业的指导是非常重要的。提高家长亲子沟通的能力，不仅可以促进孩子的社交能力，还能提高学生的情绪管理能力和解决问题的能力，这对于整个家庭来说是一件幸事。基于老班主任的工作经验与智慧，我对教师幸福力"四力"理解如下：

规范力：亲子沟通的方式分四类，即积极沟通、消极沟通、权威沟通、民主沟通。积极沟通和民主沟通是比较理想的沟通方式。积极沟通是主动的、充满爱的沟通，积极不仅体现在主动性上，还体现在语言和方式上；民主沟通是指亲子关系是平等的，愿意互相倾听，愿意站在对方的立场思考问题。

和解力：有效的亲子沟通，先要培养父母的共情力，就是父母能够想象自己置身于孩子的处境，并体会孩子感受的能力；还要从孩子的行为中及时分辨孩子的情绪，接纳孩子，跟孩子身上存在的问题进行和解，并采取合适的沟通方式，及时帮助孩子走出困境。

健康力：家长充分信任老师才敢向教师表达求助，班主任应该给家长赋能。倾听可以让孩子真切感受到自己被尊重，肯定和鼓励能帮助孩子提高自我效能感，让孩子拥有面对困难的信心和勇气。所以，健康力是教师和家长、孩子互相信任，敢于表达和乐于倾听中建立起来的。

研究力：亲子沟通，是指父母通过谈话或其他方式与孩子进行对话相互了解的过程。亲子沟通是为人父母者都要学会的一门艺术，而班主任是促进亲子沟通的桥梁。班主任致力于提高亲子沟通能力的研究，是促进家校合作的重要途径。通过调整沟通的心态和丰富教育的知识，掌握更多的技巧，可以提高亲子沟通的效果。

那扇不愿打开的门

前几日，我在朋友圈看到小S和妈妈的合照，母女俩穿着绚丽的韩服，画着精致的妆容，笑靥如花，看上去就像两个亲密无间的闺蜜，好美！我真心为她俩感到高兴，不由得想起小S当年那扇不愿打开的门……

十年前，我接手学校一个特别的班。说实话，这个班真的很好，学习成绩年级第一，运动会年级第一，班上的孩子多才多艺，有小主持人，有小歌星，有三年级钢琴就过了八级的小小钢琴家，有跑步第一的"小飞人"……我心中窃喜，同时很有压力，要保持住这个集体原本的成绩不太容易啊，原班主任太优秀，家长对她的工作非常认可，我容易被比下去，家长和孩子都比较难接受新老师。

我努力做好本职工作。为了让孩子大胆表达自己，我设置了很多班干部岗位，让他们上台演讲竞选，为了丰富他们的课余生活我常常设计户外活动，让他们在活动中增进情感，为了发挥他们的各种才艺，搭建不同的平台让他们展示……一年时间，大部分家长看到了我的付出，有什么难处会跟我诉说，孩子们也觉得我这个新老师跟原来的班主任不一样，相处融洽了，很多事情愿意分享。走近小S一家，就是在这种情况下发生的。

小S是一个乖巧、文静的女孩子，说话细声细气，每次聊天她都隔着好朋友小淇而远远地听着、笑着。然而，四年级后，小S变了，她的作业要么随便写，要么干脆不写，上学经常迟到，成天闷闷不乐，除了好朋友小淇，她不愿意跟任何人交流。平时是外婆来接小S，老人家面对我的反馈只是叹气摇头，让我跟小S的妈妈沟通，我跟小S的妈妈电话沟通过几次，但小S的妈妈可能是觉得伤心事而不想提起。

一天，小S的外婆给我打电话："张老师，小S今天需要请假，她关在厕所里很久都不出来，不知道出了什么事。我先跟她聊聊，再看看能不能劝她上学。"挂掉电话，我很纳闷：这孩子怎么了？从来没有过这样的事呀？于是，我拨通了小S的妈妈的电话，约了傍晚面谈。

傍晚，小S的妈妈如约而至。我们坐在教学楼的一角。小S的妈妈很犹豫，我说："小S的妈妈，我不知道在你身上发生了什么事，原本老师也不便过问你们的私事，但是现在小S需要我们共同帮助她走出难关，如果你不敞开心扉，我找不到问题的根源，没办法帮助你们。"小S的妈妈眼红了，跟我说了家里的状况："张老师，原本这是家事，一直瞒着。我和她爸在孩子二年级时分开了，但是一直没有告诉小S，一是考虑到她还小，不想让她为此感到自卑、烦恼，二是想通过隐瞒的方式把对她的伤害降到最小。分开后我们都想从失败的婚姻中走出来，所以一直忙于工作，小S的衣食住行、接送和学习都由外婆、外公负责，爸爸每周日有半天时间跟孩子一起吃饭。小S在家接受的是隔代管教，外公、外婆觉得孩子没办法跟父母一起生活，挺可怜，格外迁就她，慢慢她已经不听管教了，不刷牙、不洗澡，回到家就拿外公、外婆的手机躲进房间，关上门，不知道干什么。我不放心把小S交给他爸，我觉得他给小S的教育是事事顺从，吃什么玩什么都无条件满足，而现在我们这边对小S的教育多数是管束，小S就很反叛，甚至有时顶嘴顶得很厉害，什么恶毒的话都说得出口。最近早上怎么叫都不起来，我急着去上班就走了，外婆催促她，她就假装说要上厕所，进去厕所后很久都不出来，出来了也不想上学，老人家对她实在没有办法了。她拒绝跟我沟通，问什么都默不作声，看着就来气，我也不想理她。我自己没有调整好情绪，心里很苦，所以更没办法静下心来去教育她，有时候我不想面对她，跟她之间很少互动交流，现在感觉母女之间的距离就越来越远了。"

听了小S的妈妈的哭诉，我终于明白了小S最近变化的原因，说："很遗憾听到你家庭的变化，首先我想跟你说现在这个社会父母离婚这种事已经很常见了，如果婚姻带给双方都是痛苦，分开未必是坏事，你要调整好心态，迎接新的生活。沉浸在痛苦中，你只会越陷越深，处理不好自己的情绪，孩子的教育也耽误了。首先你要对自己说离婚不是你一个人的错，不代表你失败，这只是你追求一种幸福生活的另一个开始，不要为不幸福的过去透支了你未来的幸福。你先想办法从中走出来才行。先处理自己的情绪和心态，才能解决后续的问题。"

小S的妈妈听了，默默地流着泪："我知道的，我知道的，谢谢张老师听我说，我怕孩子担心，没有告诉她，我也怕父母年老，承受不住，不敢在他们面前提，他们应该是知道的，但是他们怕我难过，只是默默地帮我担起照顾小S的责任……我压抑自己，想着扛下去，慢慢就好了，没想到孩子现在越来越不好了。"

我拍拍她的肩膀，说："你是一个很坚强的人，爱孩子也爱父母，所以遇上这么大的挫折，都一个人扛着，这样太累了。你尽力隐瞒，想让小S不受到伤害，可是孩子内心是很敏感的，加上一些影视作品、图书，见到你和爸爸分开住，她只有半天时间可以见爸爸，她一定是觉察到了什么，她可能在生你们的气。"

妈妈听了很无奈，不知道该怎么处理。我建议她跟爸爸一起约个时间，跟孩子一起做一次积极坦诚的沟通，把实情告诉孩子，孩子有知道真相的权利。小S心中的疑惑解开了，怨气就消了，会回归正常状态的。

小S的爸爸、妈妈听从了我的建议，找了一个周末，一家三口坐在一起，开诚布公地聊了离婚的原因，真诚地向孩子道歉：这一年多，为了保护她，没有跟她说实情，做分开的决定时，没有尊重小S的想法，最后，他俩都保证自己会像没有分开时一样爱她，有需要时他们会想办法一起参加。

这次谈话让小S触动很大，特别是她父母给她选择的权利，征求她的意见：想跟爸爸还是妈妈一起生活？爸爸利用周末带她回去过了周末，告诉她，他常常要出差，没有办法照顾小S，可能为了她的安全而要去寄宿学校。而跟妈妈生活在一起的话，外公、外婆可以在妈妈工作忙的时候帮忙照顾她。夫妻两给小S分析、解释清楚后，给小S选择的权利。小S感受到父母的尊重，做出了跟妈妈一起生活的选择。

后来，小S关房门的情况没有了，不过还是有不愿意上学、拒绝沟通的情况。我跟小S的妈妈说，以后你跟孩子的相处模式要转变，不能高高在上，不能直接把她交给老人照顾，夫妻俩分开后孩子跟你才是最亲近的人了。小S不善言辞，作为妈妈要积极主动地跟孩子沟通，把女儿当作自己的朋友，可以聊聊你的烦恼、你的喜好……这样她就不会觉得孤独了。

小S的妈妈听了我的建议后，担起了照顾小S的责任，一有时间就来学校接孩子，周末和假期会陪孩子一起去寻找美食，陪孩子一起找闺蜜玩，陪孩子一起去看外面的世界……朋友圈里常看到母女俩的合照，看得出来她们相处越来越融洽了。

后来，小S考上一所不错的高中。小S的妈妈给我发信息说，小S入学后主动参加学生会竞选，当上了学校学生会主席，没有想到原本内敛、文静的女儿还有这么自信、勇敢的一面。她非常感谢我当年的提醒、建议，让她跟孩子亲密无间，成了一辈子的"好闺蜜"。

爸爸，我很害怕

在我们学校右侧的十字路口，也许你会发现这么一对父女：他们手拉着手过人行道，一路上有说有笑。女孩是小Q，爸爸每天都会抽出时间送她上学。爸爸说小Q之所以叫小Q，是因为他觉得小Q会是一个传奇，不是说希望她将来成为多优秀的传奇人物，而是希望孩子做自己，过自己独特的人生，而不是由父母规划的、他人向往的某种人生。

多年，小Q的爸爸、妈妈为了生下这个"二宝"，夫妻俩把自己的"铁饭碗"给丢了，所以对小Q很爱，夫妻俩约好把陪伴小Q健康成长的事放在第一位，不能因为工作或者其他什么事而忽略孩子的成长。

　　我常常观察小Q，她虽然是女孩子却显得大气，处理事情有条不紊，从来不会有控制不住自己情绪的时候。我知道这样情绪稳定的孩子肯定跟她父母长期有效的亲子沟通是分不开的。我常常看见小Q的爸爸拉着妈妈的手一起送孩子上学，小Q的爸爸作为家委会长常常帮我处理班上的一些事。小Q的爸爸告诉我，很多班级信息都是小Q告诉他的，他觉得跟小Q在一起的时光真的很幸福。

　　小Q的爸爸和小Q的智慧沟通还帮助我转变班上的一个特殊孩子，帮助她渡过难关呢。

　　记得那天早上，我刚到学校，就接到了小Q的爸爸的电话，他说事情很紧急，让我找一个没有其他人的角落聊一下。小Q的爸爸压低声音说："张老师，这件事情我觉得有必要跟你说一下，虽然小Q跟我说这是个秘密不能跟其他人讲，但是我觉得作为班主任还有孩子的家长一定要知道这事，这事可大可小，所以一定要重视。最近我发现小Q不是太开心，今早我跟小Q一起上学聊天，她显得很担忧，她说爸爸我很害怕，我跟小L是好朋友，好朋友之间的秘密是不能随便跟人说的，但是我很担心她，怕她死了，离开我们了，我想帮她但是不知道怎么帮她，她跟我说好了不能把秘密透露给别人，告诉别人我就不守信用了，不告诉别人我又担心她出事。我看着她这么担忧的样子，一定不是开玩笑的事情，就跟她说，如果这是关乎朋友生命的事，我觉得可以善意地透露一点，让可以帮助他的人知道，比如老师或者父母，在尽量保守秘密的前提下帮她，我想她哪一天知道了是你透露的，她也不会责怪你。真正的朋友一定是发自内心的关心和守护，她的生命安全要大于朋友间的承诺，当然这个秘密不能搞得人尽皆知，让能帮助她的人知道情况就可以了。"

　　我找到小Q，小Q鼓起勇气把那个秘密告诉了我：她的好朋友小L加入了一个抑郁症的群，小L晚上经常睡不着，觉得自己得了很严重的抑郁症，活不过今年，小L已经有自残行为，比如用美工刀在自己的手臂上划出伤口，还给自己的好朋友写了遗言……

我震惊，答应小 Q 一定不会告诉小 L 这是小 Q 说出来的，而是默默地关注小 L，先了解情况，获得信任后老师再提供帮助。小 Q 总算放下了心中的大石头，脸上总算展开了紧锁的眉头。

小 Q 和她爸爸深入有效的沟通，不但让孩子懂得了怎么处理"遵守承诺"和"帮助同学"的矛盾，还让我关注了一个特殊孩子的内心世界，不得不说积极和谐的亲子沟通真的有一股强大的力量。

老师，我跟她无话可说

小 Q 的好朋友小 L，平时看上去阳光自信，是老师的贴心小棉袄，是同学们心中的大姐姐，常常帮助老师和同学，喜欢追星，我觉得一切正常。小 Q 跟我说小 L 抑郁想自杀的秘密，我真的一点儿看不出来，我当时很震惊也很担心。

于是，我开始默默关注起这个孩子来，让她当我的小助手，帮忙收作业、搬东西，试着让孩子跟我深入沟通，慢慢走进她的内心世界。通过几次聊天，我发现问题的根源依然是亲子沟通问题。

一天我带她到河边散步，小 L 笑着问我："老师，你听说过阳光抑郁症吗？"

我说："没有，但是我知道抑郁症。"

"阳光抑郁症是抑郁症的一种，得这个病的人白天看上去一点事都没有，很开心很开朗，像阳光一样温暖着身边的人，可是一到夜晚他们就会很孤独很难过，整夜整夜地睡不着，一些不开心的事情就像电影一样在脑海中浮现，总想着怎么结束自己的生命。"

"真的吗？真的有这种抑郁症吗？"我很震惊，没想到十岁的孩子就知道这个病。她究竟经历了什么？

"老师，有的，我就是一个阳光抑郁症的患者，白天像没事的人一样嘻嘻哈哈，到了晚上我就睡不着，半夜醒来坐在床上哭，很害怕，很难过，很孤独，觉得这个世界没有什么可留恋的了。"小L说完，笑着仰望着天空。

我知道她不是说谎，她只是信任我，并把秘密告诉了我。我情不自禁地揽着她的肩膀说："谢谢你信任我，把自己内心的困扰告诉我。你希望老师怎么帮助你？"

"没有人可以帮我，我觉得自己活不过今年，好几次走到楼上我很想跳下去，或者找一处悬崖跳下去，或者跳到很深很深的河里淹死。"小L苦笑道。

"我可舍不得这么好的你离开我，老师很喜欢你，我不希望你离开我，以后遇到什么事情一定找老师帮忙，好吗？"小L听了，沉默地低下头。

我接着说："小L，能告诉老师你是怎么知道自己得了阳光抑郁症的吗？是去看了医生还是别人告诉你的？"

小L说："老师，关于阳光抑郁症网上有很多介绍，也有医生会发出一些测量表，我是对照上面的情况一一自查过了，我的病已经是重度的了，很难根治，我们家经济也不太好，不可能有这个钱帮我治疗的。"

"我是一个妈妈，如果是我的孩子得了这个病，我倾家荡产都要帮她治疗，每一个妈妈都很爱很爱自己的孩子，我相信你的妈妈也很爱很爱你，一定会想方设法帮助你的。"

"不！老师，你错了，她一点都不爱我。我一生下来没多久，她就把我交给奶奶带，一直到奶奶病了躺在床上了他们才把我带在身边，我跟他们无话可说。我的记忆里根本没有他们的身影，我的病就是我的原生家庭害的。我有时候想恨他们，但是又恨不起来，常常想他们不养我为什么当初要生下我，我感受不到他们的爱。"

我沉默了，真的没想到她心里有这么苦，一个十岁的孩子本应该躺在父母的怀里撒娇，享受家庭的温暖和爱，可她如此清醒，承受着许多成年人都不能承受的痛苦。她眼睛里饱含着泪水。我说："老师真的没有想到你承受着这么多痛苦，很想帮助你，可是不知道怎么帮才能让你走出痛苦。能不能把这个事情告诉妈妈？让她好好改一改？"

小L摇摇头："不用了，没用的，她除了关心我考试考得怎么样，就知道挑我的毛病，说我有这个功夫不去学习，如果拿看电视、玩手机的时间去看书、背书，也不至于成绩考成这样，每次和妹妹发生矛盾，就说我不会做大姐，不懂事，不会让着妹妹。你知道吗？这个世界上我最讨厌的词是什么吗？就是懂事。为什么我一定要懂事？为什么老大就要做委曲求全的那个人？"

我听着小L的话，陷入了沉思。这些话我想不只是小L的妈妈在说，包括我这个为人师表、熟知心理学教育学的老师也常常对自己的孩子说，真的没想到这些话对孩子的伤害那么大，把孩子跟父母沟通的心门都关上了。

我感谢小L："谢谢你，小L，你的心里话让我看到了自己在家做了一个怎样令孩子厌烦的妈妈，老师真的没有想到这些话会让孩子如此难过，我要好好改正，以后尽量不说这些话。你的妈妈跟我一样，不知道怎么做一个好妈妈，不知道自己做错了很多事情，我想当她意识到自己错了时一定不会再跟你说这些话的。你给她一个改正的机会吧？"

小L没有拒绝，只是悲观地说："你看着吧，她肯定改不过来的。"

后来，我找时间给小L的妈妈打电话，把大体情况告诉了她。小L的妈妈听完哭了，很久才平复心情："老师，谢谢你告诉我这个秘密，我会努力改变自己，跟孩子更好地沟通，做孩子心目中的好妈妈，让她感受到我们的爱。"

接下来，很长一段时间我都会跟小L沟通，让她说出自己心中的烦恼，也带她到学校心理咨询室定期面谈，然后就是指导小L的妈妈怎么跟小L进行亲子沟通。首先，小L的妈妈有一天趁孩子睡着了特意看了小L的手臂，发现手臂上真的有几道刀割的伤痕，她说看到的时候崩溃得哭了，那天早上她就给孩子写了一张纸条，表达了自己的歉意和担心，然后告诉她，妈妈很爱她，会努力改正以后对她的教育方式。小L告诉我，信她看完就撕掉了，觉得妈妈虚情假意，做不到。我鼓励小L的妈妈勇敢地踏出第二步：挤出时间跟孩子单独相处。在征求小L意见的情况下，第一次请求跟女儿一起睡，女儿拒绝了；第二次请小L一起喝奶茶，小L没有拒绝，虽然两人没有什么话说；第三次带小L一起逛街，给她买衣服；询问她的意见并尊重她……慢慢地，小L和妈妈走得近了，我感觉到妈妈已经完成了"破冰"过程。

我继续指导小L的妈妈跟小L进行亲子沟通。当小L跟妹妹发生矛盾时，让小L说出自己的感受，父母站在小L角度思考问题、处理问题；当小L考试没考好时，坐在一起分析原因，当她考砸了不想说时，就尊重她；当小L晚上做噩梦或者睡不着时，陪孩子一起睡，一起聊聊天，发现确实她睡眠不好，可以征求她的意见是否需要看看医生；小L追星，允许孩子做自己想做的事情，并尝试跟她一起看明星的综艺节目，听他们的歌，分享他们的视频信息；当家庭需要处理某个问题时，听听孩子的想法，一起解决家庭问题；确实她加入了一个网络自杀群，就举例子让她知道网络中有虚假信息或者为了博取同情和流量拍一些自杀视频，让她看清楚网络存在的风险……就这样，小L的妈妈跟孩子慢慢靠近。有一次小L跟我说："老师，我妈妈不知道怎么的，好像变了个人似的。"我笑着说："我觉得你很幸运，遇上的是一个敢于承认错误、乐于调整自己的好妈妈，我也要向她学习。"小L笑了："还不错吧，最起码不会让我不想回这个家了。"

小L对妈妈的态度从一开始"无话可说""不想说"到后来"还行吧""还不错"，我看到了一个孩子从拒绝沟通到可以沟通的巨大改变，我总算松了一口气，放下了心。

传递幸福的密码

记得五年前，我刚接到一个新班，上级要求班主任进行入户家访，了解孩子的真实生活。

这虽然是一件辛苦而繁琐的工作，可是在访问完49个家庭后，我有很大的感触：全班有十几个家长表示"自己早出晚归，回到家孩子已经睡觉，沟通的时间很有限"；家长是中学教师、银行职员、医生护士，跟孩子沟通的时间非常少；有的家长回到家跟孩子沟通的内容仅仅为"今天有什么作业？作业完成没有"，亲子沟通局限于学习方面。通过聊天，我发现有些孩子不清楚父母是什么职业、喜欢什么等，有些家长甚至对"学生被分在哪个班级？班主任老师是谁？同桌是谁？"等情况都不了解，更别说学生在学校发生什么事情了。我第一次感受到班级亲子沟通的情况令人担忧。我意识到，作为班主任，除了要做好特殊学生亲子沟通的工作，还需要做好普通学生亲子沟通的工作。

因此，我在自己所带的班级里开展一系列促进亲子沟通的活动：

其一，家长会树立相同的亲子沟通理念。家长会上我和家长交流"最幸福的亲子时光是什么时候"，家长们有的说给孩子过生日，有的说带孩子吃美食，有的说带孩子爬山旅行……我很庆幸，家长对于家庭幸福、亲子关系和谐的界定是一致的，看法是相同的。于是，我给他们讲了小Q的爸爸的做法，让他们重视亲子沟通的重要性，并回家约定亲子沟通的时间，规定好孩子看电子产品的时间，保证每个家庭都有足够的交流时间和空间。

其二，家教沙龙互相推介亲子沟通的技巧。我定期推荐阅读亲子沟通的图书，如《父母的语言》《如何说孩子才会听》等，分享体会，反思自己日常亲子沟通存在的问题和困惑。比如有个妈妈说，看到孩子最近点击观看"有色"网站，发现之后想教育她，但是不知道怎么沟通；大家针对这个问题发表看法，挑选了比较合适的教育方式，取得了不错的效果。

其三，丰富家庭生活，拓宽沟通内容。不少孩子表示："跟爸爸或者妈妈没什么好聊的，爸爸成天看手机，妈妈总叫我写作业，给我买了很多辅导资料，没有时间去玩去聊天。"怎么打开"话匣子"？鼓励家长可以跟孩子谈爱好、谈友谊、谈梦想、谈烦恼、谈生活……在拓展谈话角度的同时，我也丰富孩子们的家庭生活，比如我会给孩子们布置一份特殊的周末作业："跟妈妈学习缝衣服""跟爷爷下一盘棋""跟爸爸来一场篮球赛""跟奶奶学做一道家常菜"……这些家庭活动让孩子们和家里人的交流变多了，共同发生的事不但让亲子之间有了共同话题，还给孩子们幸福的体验。

结　语

不知不觉我做班主任近二十年，细数幸福的时光，我发现有许多事都离不开积极有效的沟通。促进亲子沟通，就像是一串神奇的密码，为我的班主任生涯注入一股源源不断的幸福的力量。

班主任作为学校教育的主要推动者，要把班级学生教育好，要创建一个温暖的班集体，就不要做家庭教育的旁观者，而要做家庭教育的推动者，将这份爱心、耐心、信心和方法传递给家长，从而得到家长的认同、支持和配合，这样孩子才能得到完满、幸福的成长。

带多班也能做好班主任

韦润兴

广东省佛山市顺德区世纪小学

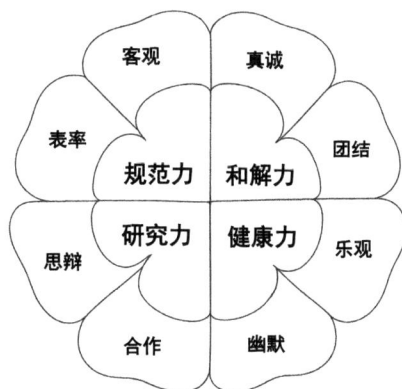

我是一名多班教学的英语老师兼班主任。在教育领域，班主任的角色至关重要。他们不仅是学生的学术导师，还是情感的引导者。基于多班教学的英语老师兼班主任的工作经验与智慧，我对教师幸福力"四力"理解如下：

规范力：教师的规范力不仅关系到教学质量的提升，也直接影响到学生品行养成和价值观塑造。教师应平等对待、客观评价每一个学生；要起到表率的作用，一位优秀的老师通过自己的日常行为对学生产生积极的影响，会更深远和持久。

和解力：和解力不仅有助于快速解决课堂上或学校内出现的冲突，还能促进一个更加和谐的教学环境，有利于提高教学质量和学生的学习效果。真诚的老师更容易获得学生的喜爱和尊敬，从而增强学生的学习动力。培养团结、积极上进的班集体可以让老师的教育教学事半功倍。

健康力：英语老师当班主任，可能困难重重，但依然要保持乐观，向学生传递积极生活和积极学习的价值观，以健康的心态传递正能量，提升自己的职业幸福感，同时为学生创造积极、高效的学习环境，会给学生的成长带来深远的影响。

研究力：具备强大研究力的英语老师，不仅能够提升自己的教学质量，还能够促进学生的全面发展。要积极参与团队会议和活动，建立良好的同事关系；与家长保持有效沟通，共同关注和支持学生的学习；愿意接受他人的意见和建议，不断改进自己的教学实践。同时，要有效地培养学生的思辨能力和批判性思维能力，帮助他们成为具有独立思考能力的终身学习者。

一堂跨界融合的班会课

有一次，我们正在上中国传统文化的班会课，我觉得这也是一个练习和表达英语口语的契机，于是我问："What else Chinese traditional culture do you know?"（"你们还知道有哪些中国传统文化？"）孩子们争先恐后地举手回答："Chinese Calligraphy." "Chinese Tea Culture." "Chinese kung fu." "Chinese traditional festivals：Spring Festival，Mid-Autumn Festival..."（"中国书法。" "中国茶文化。" "中国功夫。" "中国传统节日：春节、中秋节……"）于是我们就餐饮文化来一场即兴表演：小伊同学展示"夹菜吃饭"，小孙同学则认真地切"牛排"，顿时欢声一片，孩子们在快乐中学习中西文化知识。

当班主任后，我能够更好地关注学生们的英语口语能力。担任班主任时，可以更加有针对性地组织各种口语活动，如英语角、演讲比赛等，让学生们在实践中提高自己的口语能力。这种关注口语的做法，不仅能够让学生们更好地掌握英语这门语言，还能够提高他们的自信心和表达能力，为他们的未来发展打下坚实的基础。

一场如期而至的比赛

2024年4月，街道举行英语讲故事比赛，需要每校遴选一位同学参赛。这真是一个锻炼同学口语的好机会，我怎会错过！于是我马上组织同学进行班级初赛。在我的号召下，共有十余名同学报名，而这些同学经过两周的认真练习，个个都自信地站在同学面前，用流利的英语生动地表演他们精心准备的故事。李同学声情并茂地演绎着 "The Story of Li Xiaolong"（《李小龙的故事》）；大家耳熟能详的 "The Magic Brush"（《神笔马良》）由安同学用英语讲出来却又别有一番风味；还有涵同学娓娓道来的 "The Swan Feather"（《千里送鹅毛》）、深同学绘声绘色讲述的 "The Tortoise and the Hare 龟兔赛跑"（《龟兔赛跑》）等。同学们通过语调的快慢、音色的变化、声音的粗细、身体语言的演绎，惟妙惟肖地把各角色表演出来，同学们观看得有滋有味。

当了班主任后，我能够更好地关注学生们的学习方法和习惯，挖掘他们的天赋。在学习英语的过程中，很多学生往往会遇到各种困难和挑战。英语老师作为专业的教育工作者，深知如何帮助学生克服这些困难，找到适合自己的学习方法，提升他们的成就感和幸福感。同时，我还可以通过定期的家长会、个别辅导等方式，与家长们保持密切沟通，共同关注学生的学习进步。这种关注学习方法和习惯的做法，不仅能够帮助学生们更好地学习英语，还能够培养他们的自主学习能力和良好的学习习惯，为他们的终身学习奠定基础。

一届恰如其分的"班超"

本学期学校举行了"班超"足球比赛，第一场我们就抽到了年级最强的班级，小伙子们一听马上泄气了。看着孩子们一副无精打采的样子，我着急，于是召集队员们进行加油鼓劲。首先，我在黑板上写下第一个关键词 "Never give up"（永不言弃），然后给他们列举了迈克尔·乔丹的故事：篮球之神乔丹在他的篮球职业生涯中经历过许多挫折和失败，但他从未放弃，通过不断地努力，最后他成为 NBA 历史上优秀的球员。在去年的女足世界杯比赛，我国的运动员面对强劲的对手，奋勇拼搏，虽然中国女足在小组赛中一胜两负而未能如愿出线，但运动员们始终坚持永不放弃，这种精神不就是我们该学习的吗？孩子们听后都默默地点头。接着我写下了第二个关键词"Team Work"（团队合作），曾同学马上举手说："老师，我知道，是团队合作。"是的，只要我们团结在一起，刻苦训练，互相打配合，力量就大了。在接下来的足球比赛，我们班不仅赢了年级最强的班级，还连胜四场，最终获得了年级的足球冠军。团结就是力量啊！

做了班主任后，我确实能够更好地营造积极向上的班级氛围。在班级中，班主任是学生们的榜样和引领者。英语教师担任班主任时，可以通过各种方式激发学生们的学习热情和积极性，如组织丰富的班级活动、鼓励学生们参加各种竞赛。这种积极向上的班级氛围，不仅能够提高学生们的学习效果，还能够培养他们的团队精神和合作能力，为他们的全面发展创造良好的条件。

一次刻不容缓的家访

班上陈同学是一名插班生，脾气古怪，基础薄弱，自从他来到我们班，同学们都非常不喜欢他，甚至是嫌弃他，对他总是避而远之，甚至有好几个男同学趁老师不在而欺负他。陈同学也总是违反纪律，屡教不改，因此我十分头疼。于是我决定对陈同学进行一次家访。我认为家访不仅是一种了解学生家庭状况和个性特点的手段，更是促进家校合作、形成教育合力的重要方式。

果然，一走进陈同学的家就知晓了他背后的故事。陈同学虽然家庭富裕，但由于爸爸不在身边，长期缺乏父爱，妈妈忙于工作也没有时间照顾他。在这种缺乏关爱的家庭里，陈同学慢慢活在自己的世界里，难怪会"听不懂"老师和同学的话。我作为班主任，要检讨自己的教育方式，对于该同学不能一味地对他提要求，而应该给他更多的关注和关爱。

当即我在班里举行了一场"点赞"活动，毫无意外没有一个同学在点赞卡上写下陈同学。于是我默默地拿起一张点赞卡，写下："亲爱的陈同学，假期里你接龙'班级大清洁'，为你点赞！"我大声地在班里朗读出来。陈同学意外地看着我，眼里闪着泪花，他应该想不到老师会为他仅做的一次贡献而点赞吧。这次点赞之后，陈同学有了明显改变：总是喜欢为老师做事，帮老师拿文件袋、搬作业、分发作业，班级卫生抢着做，课堂上变得积极回答问题，课后会主动找老师背单词……这些他以前是从不会去做的。看着他一点一点地改变，我们几位任课老师都感到欣慰。

一项专属定制的任命

班上有个同学叫小宏，课堂上不专心听讲，很爱插嘴，贪小便宜，还很小气，特别爱打小报告，只要一见到老师，不管老师是否有空闲，他都要在老师跟前喋喋不休，数落班上同学与他有关或无关的大大小小的事。所有老师一见他就头疼。

为了改变他这些不良的习惯，我查阅了许多相关的心理图书。我研究了心理学家罗森塔尔教授提出的"期待效应"，决定让他做班上的纪律委员，因为要监督好同学，先要管理好自己。刚开始几天他表现不错，课堂上端正坐着，也认真听讲，看到有违反纪律的同学他会提醒并登记。但没过几天，他就原形毕露了。自习课看到有同学在聊天，他不仅不提醒，还跟同学一起聊，等老师回到课室的时候他立马跑到跟前打小报告，同学们对他意见非常大，原本就不受欢迎的他在同学面前更是没有立足之地了。基于种种原因，我只能暂停他纪律委员的"职"。好不容易才当上几天"班干"的小宏十分沮丧，天天耷拉着头，提不起精神，不找老师投诉，也不找同学聊天了。看得出来，他对"纪律委员"一职还是很在乎的。于是，我抓住这次教育机遇，对他提出期待，相信他是一个积极勤奋、遵守纪律、乐于助人、有团队精神的同学，同时让他在班里挑一位能立榜样也能监督他的同学来协助他开展班级纪律管理工作。两个星期后，小宏同学的纪律有明显好转，违纪情况越来越少了，同学们都说他像换了个人似的。我多次找他谈心并称赞他，鼓励他能做得更好，每次班会课都对他进行表扬。每当这个时候，小宏就会挺直腰板，脸上露出自信的笑容。

一轮循序渐进的改革

班级管理繁杂琐碎，担任班主任后，我的精力时间有限，为了保证教学质量，我需要从班级琐事抽出身来。如何让班级实施自主管理？我的计划是：搀着走—携着走—放开走。

"搀着走"的关键是抓好"第一次"：第一次班干会议、第一次处理同学的矛盾、第一次领读等。我接手这个班级的时候刚好是三年级，作为中年级的他们不再像低年级同学那样茫然无知，但也没有高年级同学那样果断干练，很多事情还是懵懵懂懂，需要指点。为了更好地开展工作，我在班里一共任命了三位班长，分别是学习班长、纪律班长和卫生班长。开学第一天我便组织他们召开第一次班干会议，详细布置各自的任务。小黄担任学习班长，小宋担任纪律班长，小苏担任卫生班长，各为典范，各司其职。但孩子始终还是孩子，虽然这三位班长已经是班级的典范，但也不能完全做好每一件事。例如学习班长小黄，勤奋努力，但只顾着自己的学习，对向他请教的同学显得一副不耐烦的样子；纪律班长小宋有一次在自习课上因为某个男同学不听从他的纪律要求，动手打了这个男同学一巴掌，被家长投诉；还有卫生班长小苏，课间本应检查班级卫生，因贪玩而忘记自己的任务……我把三位班长找来，耐心指导，手把手地教，一句句地传授，规矩一次次地重复。为了让"小班干"更好地管理班级，我还引入了"班级优化大师"App管理制度。值日班长在每天固定的时间中打开"班级优化大师"App，当着全班同学的面进行积分登记。这样新奇的制度、细化的管理让孩子们变积极了，班级事项有条理了，布置的任务有人抢着干了。孩子们的积分能够兑换各种小礼物或抽盲盒，还有奖励班级看电影、免一次家庭作业等，内容丰富多样，可以充分调动他们的积极性。

"携着走"是半扶半放阶段，班干部提前设想与安排，班主任来当参谋。有一次，学校要进行班级文化评比，我决定先让班干们商量制订方案。很快他们就把方案制订出来交给我了。我想了想，跟同学们说："学校没有班级用英语来打造班级文化，我们是不是可以试试呢？"同学们纷纷点头赞同。于是班干们重新制订方案。经过海选和集体商议，最终确定我们的班名叫"Genius Paradise"（"英才堂"）。接着就是班干们组织同学进行班级美化建设，热情活泼的同学主动承包任务，干得热火朝天。负责班徽设计的同学先进行初步的设计，然后根据大家的建议不断改善。负责标语的同学不停地在网上搜寻，时不时找我咨询。最后

在大家的齐心协力下，我们荣获了班级文化评比特等奖，孩子们乐开了花。

"放开走"就是让班干独当一面，大胆处理班级事务，班主任定期召开班级例会。一年一度的合唱比赛又到了，这次的合唱主题是"共情，爱国爱乡"。根据这个主题，班干们放学后回到家立即上网查找歌曲，鉴于我们是英语特色班，学习班长找到了《明天会更好》的英文版。班长把歌曲下载好了发到班群，号召全班同学先跟音乐自学，第二天回校利用午餐后的时间班长再逐句教学。经过一周的学习，同学们几乎都学会了。接着就要加上动作，班长先是在网上下载了手语版动作，但有些动作过于复杂，不适合短时间内全班练习，于是三位班长商量进行动作改编。他们把歌曲分成若干段，逐句逐段学习动作，然后把分解的动作录成若干视频发

到班群。就这样他们带着同学们边自学边纠正完成了整首歌曲的动作，而我只需要做一些必要的指导。合唱比赛时间到了，同学们个个昂首挺胸，踏着整齐的步伐走上台。瞧，平时不开口读英语的小余也张大嘴巴卖力地唱着呢。当主持人宣布我们班的比赛成绩是全年级最高分的时候，孩子们都沸腾了，这是他们通过自己的努力而获得的成绩，怎么会不开心？我这个班主任以后就可以当"甩手掌柜"了，实在太幸福啦！

结　语

三年前，学校安排我这位英语教师当班主任的时候，我第一时间向校长"求助"，因为英语老师都是跨班跨级教学，没有足够的时间和精力管理班级，但校长让我大胆创新去干。我有幸加入佛山市苏国庆名班主任工作室，努力探索与众不同的班级活动成为我融入班级的最佳方式。

三年时间过得特别快，虽然是忙忙碌碌、不得悠闲，但很受尊重，也很光荣，我从一名兢兢业业的英语老师革新蜕变成校内名噪一时当班主任的英语老师，收获满满的幸福与成就。我深信，只要我们拥有梦想、拥有勇气、拥有智慧，能做好班主任的可不只有国际多元的英语老师，思维敏捷的数学老师、多才多艺的音乐老师、丹青妙笔的美术老师、英姿飒爽的体育老师、创意无限的科学老师、与时俱进的信息老师……这些校园精英，即使带的班级更多，他们同样能出色地完成班主任的教育管理工作，成为班主任中的颗颗璀璨之星！

第三编

乐读古诗文课堂教学改革

苏国庆

广东省佛山市顺德区鉴海小学

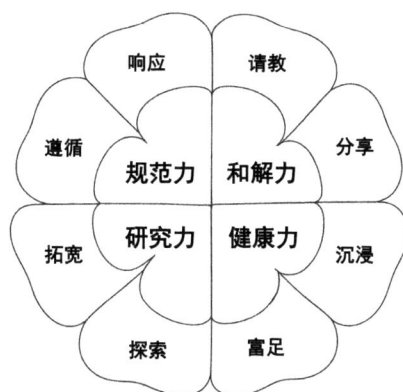

我教语文教了 26 年。我追求"情智相生"的课堂，将情感智能与学术智慧相结合，促进学生的全面成长和可持续发展。作为一名语文老教师，我对教师幸福力"四力"理解如下：

规范力：在新时代背景下，我国的新课程标准对于古诗文教学提出了更为深刻且全面的要求，这既是对接国家文化战略的积极响应，也是对传统教育模式的一次革新尝试。重塑古诗文教学的生态格局，使之更加贴近时代脉搏，符合素质教育的核心诉求，即培养德、智、体、美、劳全面发展的时代新人。

和解力：面对学生们在学习古诗文时感到生涩难懂，主要依赖机械记忆，导致掌握不牢固，进而产生畏惧的心理。我积极向教育领域的名家请教，深入研究各种有效的学习方法，努力帮助学生培养对古诗文的学习兴趣，逐渐建立起学好古诗文的自信心。

健康力：新课标强调在古诗文教学中贯穿自主学习与终身教育的理念，培养未来公民的自我驱动型成长模式。教师充当引导者与伙伴的角色，鼓励学生积极参与研究性学习、文化交流等多样化的课外活动；同时，引导学生树立正确的学习观，明白古诗文不仅仅是一种文化遗产的承载体，更是一种生活方式的选择、一种精神世界的富足，享受终身学习带来的无穷乐趣。

研究力：随着互联网+教育的蓬勃发展，古诗文教学亦迎来前所未有的机遇。一方面，依托大数据、云计算等前沿科技，搭建智能化学习平台，为学生提供个性化的学习体验；另一方面，积极探索 AR/VR 等沉浸式技术的应用前景，定期组织线上线下的诗词大会、书画展、朗诵赛等实践活动。

萌　芽

2015年，当代素读创始人陈琴老师组织的"全国第十届经典素读年会暨种子师生训练营"在顺德开营。陈琴老师所教班级的学生皆能"背诵十万字，读破百部书，能写千万言"，其独创的"素读"经典课程与语文教材相融合，影响了一大批语文教育工作者。

素读，是指在没有过多辅助解释的情况下，直接接触文本原貌，通过反复吟诵、熟读乃至背诵，来领悟文章内涵、语言韵律及其所蕴含的文化精神。素读强调回归文本本身，摒弃外在干扰，以最纯粹的心态与经典对话。

在为期七天的训练营中，我有幸每天都跟随陈琴老师一起读书。那些原本枯燥难懂的古诗文，在她的讲解下，竟然变得那么生动活泼，仿佛赋予了新的生命。我深深地迷恋上这种学习方式。我想，如果我也能像陈老师那样，读诗书，教学生，语文成绩还这么好，那多好呀！

2017年，"婷婷诗教"成为中国唯一入选"HundrED全球创新教育100强"的教育项目，受到了国内外教育专家的高度评价，并被业内外视作儿童诗教的开创者。我开始关注婷婷诗教栏目公众号，发现给诗谱曲，把文字唱出来，居然打破了小学生学习古诗词艰涩难懂的瓶颈，轻易地引领学生进入诗词的意境。

我畅想：把这些资源设计成一种快乐唱读古诗文课堂，在传统中创新，用经典润童心，以诗润德，就可以消除小学生学习古诗文的畏难情绪，突破诵记的难关，实现把经典快乐传承的目标。这是多美妙的事情呀！

逐　梦

我开始关注小学古诗文课堂。

我开始研究教材。"部编本"新教材，换掉了约40%的课文，文言文比例大幅提升。小学共选优秀古诗文117篇（含小古文12篇），占所有选篇的30%，增幅高达70%，每年20篇左右。我看到了古诗文课堂改革的趋势，坚定了内心的想法。

我开始研究学生。在教学中发现，学生距离古诗文的年代较远，较难引起心理上的共鸣，加上语言的陌生性，教学难度较大。学生以机械记忆为主，背诵方式单一，大多死记硬背，掌握不牢固，从而产生畏惧心理。古诗文博大精深，过于深入地去讲解，小学生会感到枯燥无味，难以领略古诗文之美。

我开始研究潮流。我观看了近年来受观众热捧的《中华诗词大会》《经典咏流传》等电视节目。经典传唱人不仅有艺术名家，也有后起之秀，还有许多热爱生活的普通人，他们结合自身的音乐风格，将经典诗词转化为优美的歌曲，用现代的唱法和曲调来演绎传统经典。鉴赏团成员对传唱歌曲进行专业点评，将经典和流行有机结合在一起，挖掘诗词背后的故事，推动中华优秀传统文化创造性转化、创新性发展。

我总结出了规律：在声（音乐）、形（故事）、色（画面）等因素调动下，人的主动性会变强，对经典的印象更深，更愿意接近经典古诗词，从而爱上经典。如果我们的课堂能做到美食一样"色""香""味"俱全，学生们的古诗文学习会大大改变吗？

叶嘉莹先生曾说，培养孩子们的诗词兴趣，可以用唱歌和游戏的方式来教。不妨开设一门古诗唱游的课，孩子们会从中受益终身，而且可以使得我们的古典文化代代相传。

因此，我有了大胆的想法：构建声（音乐）、形（故事）、色（画面）俱全的乐读课堂。2019年，我开始设计课堂模式，锁定了"婷婷诗教"音频和视频专栏，以古诗文切入儿童教育，以诗教为核心，建立融合语文、音乐、绘画、舞蹈等跨学科内容的教育体系。

第一年，我把陈琴老师的歌诀素读法，运用在小古文的教学策略。

语文1—6年级教材，共收录13篇小古文。我采用歌诀素读法，探索出"波浪涌""山连山""有奇峰""跷跷板"等花式乐读形式。"波浪涌"就是以行为小组依序读，像波浪一样；"山连山"就是以列为小组依序读，像山峰一样；"有奇峰"就是个人抢读，学生不约而同地站起来；"跷跷板"就是左三列后三列轮流读。一堂课下来，学生变着花样素读不下10遍，乐此不疲，轻松达到记忆的目的。

同学们甚至在课间，一边跳绳，一边拍手，甚至一边玩魔方，都在素读小古文。不用到6年级，13篇小古文就已经滚瓜烂熟了。

第二年，我把唱诗方法运用于古诗课堂。

我利用"婷婷诗教"中的音频，在整节课中穿插，通过听、唱、品，与传统教学环节诗境、诗意、诗情有机结合，设计出三个环节：第一环节"轻唱入诗境"。刚接触一首诗，学生轻轻哼唱，"诗中有画"，慢慢打开想象力，进入诗境。第二环节"对唱明诗意"。古诗一般前两句、后两句意思相对独立而完整，通过对唱，帮助学生理清诗句意思。第三环节"品唱悟诗情"。把握诗人情感对于小学生是比较难的，但通过音乐旋律的烘托，加上"推敲"方法，引导学生斟酌字的妙处，培养了学生品析好词的能力。

第三年，我尝试吟诵宋词。

在课堂中我惊喜地发现，学生对平长仄短、依字行腔的方法很感兴趣。"平长仄短入声促"，我将以吟带学课堂分为三大环节：第一环节，平仄读之：再现宋词的音律美，引发学生诵读兴趣。第二环节，吟之会意：充分诵读后进行吟诵品悟，品字词之妙，品字音之美，体会宋词的情感。

第三环节，舞之传情：借助手势表情达意，利用肢体语言加深记忆，熟吟成背。

乐读古诗文课堂初步搭建好课堂架构后，在实践教学中，学生评价："唱古诗的方法最受欢迎，唱几次就记住了；素读小古文很神奇，乐此不疲，背诵效果好；吟宋词很新鲜，依字行腔的手势就像跳舞。"

圆　梦

乐读经典在课堂内外取得卓越的成效。在我们这个区域的凤城诗词大赛中，容冕朝同学凭借其出色的才华荣获"状元"称号，而刘一凡同学也凭借其卓越的表现赢得了"进士奖"的殊荣。

2019年9月28日这一天，我们学校举办了一项常规活动，以纪念孔子的诞辰，并进行了经典诵读活动。我们荣幸邀请到陈琴老师参与我们的活动。当她站在学校的舞台上，充满感情地带领学生们一起吟诵《岳阳楼记》时，我的眼睛湿润了。回想起过去数年的时间，我努力前行；看到如今这样的成果，我感到无比欣慰和自豪。

在抗疫居家学习期间，我积极组织学生们在家里一起唱古诗、读古文，吟诵诗词，陶冶情操，丰富他们的精神世界。同时，我充分利用居家的时间，着手编写一本适合学生的古诗文用书。在编写过程中，我遇到了一个需要引用"婷婷诗教"音频的难题。"婷婷姐姐"得知我们的这一举措后，深受感动，不仅慷慨提供音频的使用权，还亲自答应为我们的书作序。这不仅是对我们工作的极大支持，更是对我们教育理念的认同和鼓励。

在古诗文课堂改革过程中，我有幸与许多著名的教育专家和学者进行深入的交流，丰富了我的教学理念，也有幸站在多个不同的讲台上，将这种创新的课堂模式传播给更多的教师和学生。

忘不了，在林芝一小五（6）班上了一节《说唱古诗词》，学生们堂上创作，古有"一片冰心在玉壶"，今有"一条哈达捧胸中"。

忘不了，在顺港学术交流活动中，我向香港伍冕端小学师生展示乐读经典特色课堂，学生课上乐此不疲地投入学习，课后熟读（唱）成诵，神奇的效果得到师生高度赞誉。

2021年，大良鉴海小学与北滘林头小学联合举办以"传统与创新·经典润童心"为主题的区域性联合教研暨课堂教学改革成果展示活动。学生们"唱诗演诗"，活动得到领导专家高度肯定。

自创的乐读活动——校园版诗词大会"一背到底"达人秀，以及"古诗扑克牌"，也得到了顺德电视台《成长一百分》栏目的报道，活动带起师生、家校乐读经典的热情，在经典滋润下与圣贤为伍，继承传统文化。

沉　淀

2020年，我将课堂改革的做法提炼成小课题"小学语文乐读经典课堂的实践研究"。随后，我将这个乐读古诗文课堂改革提炼教育教学成果命名"3R引领经典，乐读古诗文课堂"，让它可复制、可推广。

首先以课堂为根，使用喜闻乐见的乐读形式和乐读方法，构建"3R"（rythm，read，recitative）特色课堂模式，即歌诀素读小古文"四要"课堂、"说唱"古诗词课堂、以"吟"带学词曲课堂。

其次以教学设计为本，将国家课程校本化，开发了两套"乐读"校本教材。第一套：7本学生用书，即1—6年级《说唱古诗词学生用书》（共6册）、3—6年级《歌诀素读小古文"四要"学生用书》。第二套：两本教学设计集，即《1—6年级105首说唱古诗词教学设计集》《4—6年级以吟带学教学设计集》。

最后，挖掘"3R引领经典，乐读古诗文"创新点。从理念框架上，放大了育人的功能。在课程建设上，丰富了古诗文经典课程的内涵。以在学习方式上，顺乎儿童的本性和自然成长的法则，突破了古诗文学习生涩难懂瓶颈。在自编教材上，现代与传统结合，简约不简单，师生齐开发。

"3R引领经典，乐读古诗文"课堂改革成果在第六届凤城文化节校园成果创新展中推广，在《顺德教育》第108期"顺德教育特色行"中推广，在2020年顺德区基础教育教学成果、佛山市基础教育教学成果一等奖。

结　语

阅读，才能站得更高；反思，才能再次起航。

再读陈琴老师的《经典即人生》，我懂得了经典是有种子的力量，多读经典能让人有目视前方的决心和毅力，一个目视前方的老师，脚下才有路。读书跟吃饭一样，要自己吃下去才有用。读是唱、是背、是诵、是记。"破"万卷，让书中的文字烂熟于心，像"酵母"，定期就酿出酒。而这必须在小学阶段植入才能事半功倍。我们小学老师，也可以尝试把传统变成现代、把经典变成流行、把学术变成大众，在儿童黄金启蒙期播下一粒有力量的经典种子。

现在古诗文课堂，已经达到了我们初期目标：师生齐发展，"兴趣+诵记"攻克诗词背诵难关；正在奔向后期目标："积淀+创作"，4—6年级学生在习作表达中学习引用经典，老师指导即兴写诗、歌以咏志。

后续，我们会着重跟踪在经典课堂培养出的道德品质，以"乐读经典立德树人的实践研究"为方向，共同传承中华优秀传统文化，树有德人，育有为人。

英语课堂创新廿年行动

张 燕

广东省佛山市顺德区鉴海小学

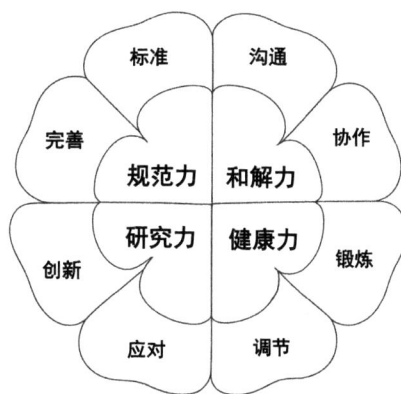

我作为一名小学英语教师，深知既要传递知识，又要引导孩子们探索未知世界。教育的真谛在于做好学生心灵成长的陪伴者和引路人。作为一名英语教师，我对英语教师的幸福力内涵理解如下：

规范力：科学规划教学大纲，精心打磨教学细节，致力于为孩子们营造一个有序、高效、全面的学习环境。通过规范化的教学管理和深刻的实践反思，我不断提升教学策略和方法。

和解力：真诚地与学生交流，洞察他们的需求与困惑；与同事携手同行，相互学习，共同进步；与家长紧密联系，共同关注孩子的成长。通过积极的协作和密切的沟通，构建了充满爱与关怀的教育共同体。

健康力：健康力是我教育旅程中的坚固屏障，它让我拥有充沛的精力去应对日常的挑战。我坚持体育锻炼，清晨的慢跑、宁静的瑜伽和日常的拉伸运动。我重视情绪调适与心理健康。

研究力：在AI说唱教学和Rap资源库的构建过程中，我深入挖掘，努力将最前沿的科技与最生动的教学内容完美结合，为孩子们打造全新的学习体验。

跋涉险途，探索教学新径

20多年前，我首次遇到小北。她出身于一个普通的农村家庭，兄弟姐妹众多，生活条件并不宽裕。尽管如此，小北对学习英语充满了浓厚的兴趣。每当我在课堂上教英语单词时，她总是全神贯注地听，然而，那些复杂的单词对她来说，仿佛是一座难以逾越的高山。课后，我翻阅小北的听写本，我再次被深深触动：她的字迹整洁，但单词拼写错误很多。深夜，我躺在床上辗转反侧。"工欲善其事，必先利其器。"若想帮助学生真正掌握英语单词，关键在于找到恰当的教学方法和工具。我意识到，在教学过程中，我可能恰恰忽视了这个重要的环节。

于是，我仔细回顾自己的教学：在导入环节，我直接展示了一组新单词，并指导学生跟读。尽管我试图引导学生观察我的发音口型，但由于缺乏系统性的发音规则指导，学生们在模仿时难以掌握精髓。在讲解环节，我详细解释了每个单词的含义和用法，并通过例句帮助学生理解。但在发音方面，我只是简单地让学生跟读，并在单词下方标注了音标，未能深入剖析发音规则。这种做法对于像小北这样的学生来说，记忆单词变得尤为艰难。在记忆环节，为了让学生记住单词，我要求他们反复朗读和背诵。这种机械的记忆方法不仅让学生感到单调乏味，而且效果并不理想。

深刻的反思促使我开始探索解决问题的途径。我广泛阅读教育图书，观察其他教师的教学策略，深入研究国内外关于自然拼读的教材，自然拼读法涌现眼前。这种方法不仅消除了英语学习的枯燥感，更是注入了无限的乐趣。经过多年的教学探索，我逐渐将自然拼读法融入我的教学体系，发现它确实能显著帮助学生掌握英语单词的发音和拼写，提高他们的阅读水平和词汇量。

我尝试将自然拼读法融入说唱活动，结合音标和自然拼读的特点，创编出《26字母拼读歌》，步骤如下：掌握26个字母的名字以及书写；把26个字母的发音和字母一一对应（构建字母与发音之间的直接桥梁）；创编每个发音对应的手势（通过手势强化对发音音标的巩固）。很快，这个创新的方法在学生中传开。孩子们惊喜地发现，他们能轻松地读出以前觉得困难的单词。小北同学也不例外，她的进步尤为明显。她的脸上洋溢着笑容，眼中闪烁着自信的光芒。每当看到她的笑容，我的心中都充满了幸福和满足。

随着学习的深入，我创作了一系列由基础到进阶的歌谣，从最初的《26字母拼读歌》逐渐引导至《元音字母拼读歌》《元音字母组合歌》《辅音字母组合歌》，设计严格遵循由简到繁、循序渐进的教育理念，为学生们搭建起坚实的学习之桥。

我坚信，将教育融入乐趣之中是点燃学习热情的关键。因此，每一首歌都融入了轻快的旋律、鲜明的节奏以及丰富的肢体动作，旨在营造一个充满欢乐和活力的学习氛围。在接下来的《半元音字母歌》《连读歌》《失去爆破歌》以及正在创编的《25音变歌》中，学生们将继续挑战自我，深化对拼读规则的理解与运用。我坚信，通过这一系列精心设计的歌谣学习，学生们的英语发音和拼写能力必将迎来质的飞跃。

超越局限，攀登创新高峰

在追逐教育梦想的航道上，我不仅在自然拼读歌谣的创作上精益求精，更是大胆地引领风帆，引入了TPR（Total Physical Response）教学法，将身体的节奏与语言的学习相融合，为英语课堂注入全新的活力与魅力。

TPR教学法，鼓励学生们利用身体动作来模仿和反应，从而理解和掌握语言，使学习过程变得生动而富有乐趣。我首次将TPR与说唱艺术相结合时，那种灵感的火花让我激动不已。想象一下，孩子们随着音乐的节拍舞动身体，同时口中唱着英语歌谣，这种全身心的投入无疑将极大地提高他们的语言记忆力和学习兴趣，让他们在TPR说唱的乐趣中，探索拼读的奥秘。

这种巧妙的融合，不仅是对传统教学方法的大胆创新，更是基于对小学生认知特点深刻洞察的智慧产物。它巧妙地利用了小学生形象思维发达的优势，将语言学习与身体动作、音乐节奏紧密结合，打造了一个立体多维的学习空间。在这样的环境中，孩子们不再是被动接受知识的容器，而是变成了积极参与的学习者。他们的创造力和想象力得到了充分的激发，英语学习的乐趣也被无限放大。

我与孩子们携手同行，为每一个重点单词精心打造了专属的记忆之歌。在一学年中，我们共同见证了知识的种子在欢声笑语中生根发芽、茁壮成长，最终绽放成绚烂的花朵：四年级PEP教材上册的六个单元中，我们共同创作了72首Rap歌曲。这些歌曲不仅仅是单词的简单组合，更是孩子们智慧与创意的结晶，每一句歌词都映射着他们对知识的渴望和对探索的热情。

跨界飞跃，突破极限之墙

为了将汲取多元资源以丰富教学内容的理念转化为现实，我巧妙地应用AI剪映技术，将教材内容转化为生动有趣的Rap歌曲视频。孩子们在这样的视听盛宴中，能够轻松愉悦地掌握英语知识。这不仅是对"做中学"教学理念的直观实践，更是对传统教学模式的一次大胆创新。通过将实践与体验相结合，学生们在创作和欣赏Rap歌曲的过程中，不仅记住了单词和句子，更是点燃了对英语学习的热情。

在此基础上，我建立了一个充满活力的 Rap 资源库，它宛如一座宝藏，汇聚了包括 PEP 人教版四年级上下册单词歌、知识点歌，六年级上下册知识歌，以及自然拼读歌。这些资源以视频、小册子、过塑小纸片等多种形式呈现，旨在满足不同学生的学习需求，点燃他们内心的学习激情，引领他们在英语学习的道路上勇敢地前行。

AI 剪映技术的优势，在于打破了传统情境创设的限制，创造了一个个生动而有趣的学习场景。同时，采用"以唱促拼"的教学策略，通过自然拼读歌的演唱，培养学生的拼读技巧，让他们在轻松愉快的氛围中掌握英语单词的正确发音和拼写规则。最终，这座 Rap 资源库不仅成为我教学创新的有力伙伴，更为小学英语教学的多样化进步提供了坚实的支撑。

AI-Rap 说唱课堂的创建，不仅标志着我教育生涯的一个重大转折，更是点燃了孩子们英语学习热情的火花。我大胆地进行尝试，将枯燥的语法规则和生动的考试题目融入富有节奏的 Rap 旋律，创作出一首又一首既富有教育意义又可供娱乐的歌曲。孩子们在享受音乐的同时，自然而然地掌握了英语知识的精髓。

温暖心房，铺设畅通之路

AI-Rap 说唱课堂已经成为我教学创新中的一道亮丽风景。作为这一创新教学法的实践者，我在这场教育的革新中找到了自己的价值和幸福感。尽管成就和喜悦令人欢欣鼓舞，但我从未忘记那些曾让我陷入困境的挑战。

那是一个平和的放学时刻，教室里飘散着清洁剂的清新气息和即将结束一天学习的轻松感。我正细心地辅导着几位需要额外关照的学生，心中充满了对他们未来进步的憧憬。然而，在这片宁静的表象之下，一丝细微的私语如同春风中的寒意，悄无声息地刺入了我的耳中。

"你知道吗？小南私下里抱怨说不喜欢英语，甚至对英语老师也没有好感。"一个声音低低地响起，带着一丝难以掩饰的好奇和兴奋。"确实如此，她觉得老师总是在饭后安排默写，连一点休息的时间都不留给我们。"另一个声音随声附和，语调中透露出对当前状况的不满。"而且，你有没有发现？最近英语老师似乎特别容易生气，我甚至开始对她产生了一些反感。"第三个声音加入讨论。每一个字句都像锋利的刀片，无情地刺痛了我的心。

我的心猛地一沉，就像被春日的冷雨迎头浇下，冰冷刺骨。我未曾料到，自己不懈的努力和辛勤的汗水，在学生们的眼中竟然变成了沉重的负担。更令我感到心寒的是，这种不满的情绪仿佛已经悄然在同学们之间传播，汇聚成了一股不容忽视的暗流。

不久，这些隐秘的抱怨声也渗透进了办公室，成为同事们闲暇时的谈资。"她的教学方法即便再创新，学生们也不领情啊。""整天逼着学生死读书，成绩没提高，反而让学生压力倍增。""她那种充满活力的授课方式，我们学不来，也不愿意学。"每一句话都如同利剑，刺向我苦心经营的自尊与信仰。

我置身于风暴的中心，意识到，自己正面临着一个前所未有的挑战——这不仅仅是教学上的困境，更是人际关系和自我价值的考验。然而，我明白，正是这些困境，将成为我成长道路上不可或缺的磨砺。我必须勇敢地迎接这一切，用实际的行动来证明自己的价值，并寻找化解误解、重建信任的方法。

夜幕降临，月光透过窗帘的细缝，洒在床前。我躺在那里，辗转反侧，无法入眠。三十余年的教学生涯如同电影画面般在脑海中回放，每一帧都历历在目。我依然记得站在讲台上的那一刻，心中满是对教育的热爱和对学生们未来的无限期许。但近期发生的一系列事件，如同巨石般压在心头。

我始终致力于成为学生心目中最受欢迎的老师，教授最受他们喜爱的课程。我倾注心血于每一堂课的设计，期望通过生动而富有创意的教学手段，点燃学生们学习的热情。然而，出乎我意料的是，那个曾经对英语怀抱无限热情的学生小南，竟然开始对我的课程产生了抵触，甚至直言不讳地表示不再喜欢我。这让我深感震惊和困惑，我不禁自问：自己在何处做得不够，竟让他有了这样的变化？与此同时，我感受到同事们的质疑和误解，他们对我的教育方法似乎并不买账，这让我倍感压力。

为了探寻问题的根源，我开始更加细致地观察学生们，试图深入他们的内心世界。我注意到，小南近期似乎总是心事重重，课余时间也常常独自一人坐在角落里沉思。我决定找他进行一次深入的交谈，了解他究竟遭遇了什么难题。

那天放学后，我邀请小南来到我的办公室。他站在门口，显得有些迟疑和不安。我微笑着示意他坐下，努力营造一个轻松而愉快的环境。我轻声询问他："小南，最近是不是有些事情让你感到不开心？愿意跟老师分享吗？"他沉默了片刻，然后低着头缓缓地说："老师，实际上我最近遇到了一些麻烦……"

原来，小南在网购时被骗走了1800元，那是他长时间积攒的零花钱。这对他造成了巨大的打击，不仅经济损失惨重，更在心理上留下了难以磨灭的阴影。他开始质疑自己的判断力，对学习也失去了原有的兴趣。在我眼中原本出于关心的严厉督促，在他看来却变成了无形的压力，使得他对英语课产生了更深的反感。

听到这里，我的心不由自主地紧缩了一下。我深刻地认识到，教育的过程远不止于知识的传递，更重要的是要关注学生的心理健康和成长需求。我轻柔地拍了拍小南的肩膀，温柔地对他说："小南，你所面临的困难只是生命旅途中的一个小小驿站，每个人在成长的道路上都可能遇到挫折和挑战。关键在于我们如何勇敢面对，从经历中汲取智慧，让自己变得更加坚强。老师对你充满信心，相信你一定能够克服眼前的困难，重新点燃对英语的热情。"

随后的日子里，我更加密切地关注小南的心理状态和学习进展。我耐心地为他提供心理支持，帮助他逐步走出阴霾；同时，我对自己的教学方法进行了调整，变得更加有耐心和宽容。我尝试采用更加生动有趣的方式教授英语，以激发学生们学习的兴趣。我还特别为小南量身定制了一套个性化的学习计划，旨在帮助他一步步恢复自信，重燃学习的动力。

与此同时，我与那位同事进行了深入的沟通。在了解了我的处境后，她给予了我许多宝贵的建议和鼓励。她对我说："教育是一项漫长而艰巨的使命，它需要我们用心去经营。不要让他人的质疑和误解影响到你的步伐，要坚信自己的能力和价值。你一直在努力成为一名卓越的教师，我相信你一定能够达成所愿。"

在她的鼓励和支持下，我的信念变得更加坚定。我坚持不懈地提高自己的教学能力，密切关注每一个学生的成长和变化。我还积极参与各种教育研究和培训活动，不断吸收新的教育理念和方法。最终，我的努力得到了丰硕的成果。小南在我的帮助下逐渐恢复了学习的信心和动力，成绩也有了显著的提高。同时，我也赢得了更多学生和同事的尊重和喜爱。更令人振奋的是，我的课堂改革成功立项为课题。这一成就对我来说是极大鼓舞和肯定，让我更加坚定了继续在教育创新的道路上不断前行的决心。

结　语

如今，每当站在讲台上，目睹学生们那专注的眼神和洋溢着灿烂笑容的面庞，我都能感受到无与伦比的满足与幸福。AI-Rap说唱课堂不仅转变了学生的学习模式，也给我带来了无尽的教学乐趣和成就感。我深知，作为一名教师，我的最大价值与意义便在于此。

我的大语文课堂

漆佳琪

广东省佛山市顺德区鉴海小学

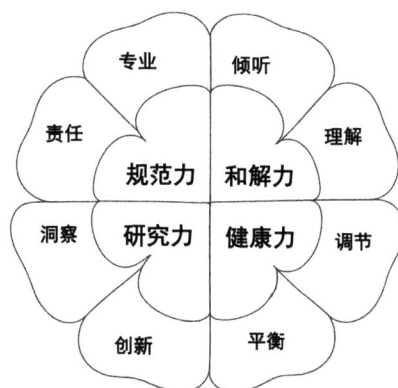

从教十几年，我觉得大语文课堂对教师职业生涯产生强大的力量。我希望孩子们学习大语文，并从中收获幸福。基于我从事"大语文"教学的经验与智慧，我对教师幸福力"四力"理解如下：

规范力：我注重明确课堂纪律和学习要求。课程安排上除了完成正常的课程教学任务外，我会利用课前5—8分钟的时间，做各种素养训练。言传大于身教，通过良好的教学态度和言行举止，为学生树立榜样。我觉得拥有责任感，是弘扬教育家精神的情感底色。

和解力：面对班级内出现的各种情况，我们要学会和解。我会耐心倾听孩子的观点和诉求，理解他们的感受和需求，寻求双方都能接受的解决方案。从最初的人教版语文教材，到如今的部编版教材，我们教师从最初不适应、难度大到如今大力称赞、深深叹服，多钻研多探讨多学习，让学生拥有更全面的语文素养。

健康力：我注重自身的身心健康，通过合理的饮食、适量的运动和良好的作息习惯来保持精力充沛和心情愉悦。我会进行阅读、写作、旅行等，这些爱好不仅丰富了我的精神世界，也为我提供了释放压力、放松心情、调节情绪的途径。我会在属于我的时间里，读书以培育涵养气质，行走以拓宽视野胸襟，识人以成就气度格局。

研究力：我关注最新的教育理念和研究成果，探索适合学生的教学方法和手段。我引入了学习任务群视域下的大语文教学，让学生能够有最大的激情参与学习，培养他们的实践能力和创新精神。

学习语文

不瞒大家，年少时曾纠结自己到底是应该上北大还是清华，当然事实证明自己想多了。但当别人问我长大后要干什么时，我会毫不犹豫地回答："当一名语文老师！"

我的小学老师宇老师，教我们读书。从识字到阅读，从练字到写作，从课内到课外，我们这些不到8岁的孩子巴不得每分每秒都和宇老师在一起，听她讲闻所未闻的故事，跟她唱从来不会唱的歌。许多年后，我觉得是宇老师给了我做教师最重要却又是最基本的教师元素：师爱——爱自己从事的职业，爱自己工作的对象。

我的初中语文老师何老师，是一位漂亮优雅的女老师，但我们更多关注的是她唇齿之间流淌出来的动人故事。初中的语文课比小学丰富得多，也有趣得多。学校很小，没有图书馆，何老师的宿舍就是我们的图书馆，我们会在中午和下午放学时间段里，喜欢涌向她的宿舍和办公室，喜欢听她讲《三国演义》和《西游记》，喜欢翻阅她那几本发黄的老书。何老师认为，学语文就要有课外阅读，书就是用来读的，她总是叮嘱我们，好好阅读就好。我从何老师这里学会了引导和鼓励孩子们读书，尊重孩子阅读的自主性。

我的高中语文老师梁老师，他只教我们高中两年，但就是这样的两年，梁老师让我们背了许多唐诗宋词。梁老师和我们说，"腹有诗书气自华"。他会利用黑板的一角，两天一首诗或词，在每堂语文课的课前，他领我们阅读鉴赏，在第二天语文课前背诵和默写。虽然只有2年时间，但在当时，我们班同学肯定是同校学生中会背古诗词最多的。梁老师还允许我们把想学的、想背的告诉他，由他讲解给我们听。

我是幸运的，甚至是幸福的，因为我遇到的都是好老师：他们让我在大语文中成长。

初教语文

从教之初，如何备好课？如何上好课？如何写好教学反思？如何与后进生相处？我向身边有经验的老教师求教，翻阅名师课堂记录，还努力利用网上优质资源来学习。"处处留心皆学问"，我关注一些好的公众号，如深圳"顺德小语""读者""语文好老师"等，及时学习新知识，受到新启发。

我发现，学科教学仅仅停留在案例上是不够的，课堂仅仅把成绩提上去也是不够的，教师的教学可以有更多的教育成分。我广泛阅读教育学、心理学、学习论、写作学等方面的专著。这时，我读了文学作品之外更加广泛的图书。

身教大于言传，我行动起来，在学生心中播下阅读的种子。除了完成正常的课程教学任务外，我利用课前5—8分钟的时间，吟诵诗词，慢慢地，由诗词扩展到成语，扩展到阅读分享，再扩展到热点演讲，由教师讲到学生讲，最终构成了我认为的"班本课程"。这样的课程，成为我的教学班学生的标配，带上了我的语文课鲜明的特色。

在布置作业时，我有意识地让他们读写结合。如讲到王维的时候，我特意给学生布置了一份作业："王维，他的诗画皆一绝，诗中有画，画中有诗，请你为他写一份小传，不少于500字。友情提示：本次作业会评选出5篇佳作，给予5位同学奶茶奖励。"

考试前夕，我关注孩子们的心理健康和情绪状态。有一次期末考试前，全班模拟考试成绩都不太理想，我向他们表达我的观点：首先，小升初考试只是一生中比较重要的考试，真的不代表全部人生；其次，沉浸在失败里，你们将会失去下一次机会；最后，这个时候，老师真的不在乎你考得好不好，只在乎你学得累不累。许多学生在随笔中告诉我，说老师把他们的意志从泪水里打捞了上来。

就这样，学生们的阅读兴趣被引导、被激发，我带领学生走进阅读的世界，在语文课堂里迸发出火花。

化解难题

谈到语文，学生最怕的莫过于文言文。在讲文言文时，我根据不同文章的特点进行授课。

如在学习《两小儿辩日》时，我这样和学生说："同学们，今天我们要与孔子一道东游，参加一场精彩辩论赛，请同学们注意着装、言行。现在请让我们用热烈的掌声请出我们的两位辩手。"学生的积极性立马被调动起来了。我发现有两位同学在小声交流，我用手捂住话筒说："大良街道的代表请安静。"并且让两位辩手将自己的论点和论据列出来。下课时，在走廊里还能听到辩论的声音。

文言文难在语言，难在文化，但人同此心，心同此理，将学生代入进去，就不难理解古人的思想与行动，要学生和古人一起笑，一起痛，一起痴，一起生活。

写作也是语文教学的难题。一开始，我对他们的作文没要求，只要能写出400字就好，并且我能轻易地发现他们作文中的优点。

有一次，我播放了《人民日报》的两篇材料以及女校长吃学生剩饭的新闻，让学生写出自己的看法，结果有几个同学给了我惊喜，我就表扬他们。以后我们每天上课前播放《主播说联播》，分析央视主播解读事件的角度，后来是学生先评论事件，然后我们一起学习主播的解读，在一片恍然大悟中成长。我带着学生们一起积累素材，把相关、相近、相反的素材放在一起，后来我说到一件事，学生立马可以说出相关、相反的事件，我们再一起总结。我时常充满遗憾地对某个同学说："你这篇作文构思、立意很棒，语言表达流畅，美中不足的是第四段的例子和观点半毛钱关系都没有。"他们听到后改了一遍、两遍、三遍……改到他们自己满意为止。

只要给学生一丝信任、一点鼓励，他们就会昂扬生长、恣意舒展、蓬勃向上，赠给老师一个美丽新世界。后来我才明白，讲台不是老师的舞台，而是学生的，老师是配角，用来打辅助的。

大语文教学

2019年底，我有幸接受培训，归来后带着学生开展大语文教学。我们班大语文教学的教学安排，以任务为核心，以学习项目为载体，综合运用学习情境、学习内容、学习策略以及学习资源，能够让学生在具体的任务中感知、理解、分析、评价和运用语文知识与技能，在实际运用语言的过程中提高语文素养。要点如下：

第一，确定教学目标，设置明确的学习任务。大语文教学是一种任务型教学模式，不仅能够激发学生学习的兴趣和主动性，还可以增强他们的综合素质和实践能力，提高学生的学习效果，让他们更好地适应现代社会的需求。我在课堂教学中将两者融合，学生的视野和学习深度广度都有了极大提升。

第二，进行情境教学，激发学生的学习兴趣。在教学过程中，我设计与课程内容相关的、贴近学生生活的情境，让学生在情境中参与学习、解决问题、积累经验，促使学生更加主动地投入学习过程，从而收到更优的教学效果。我会设计表演情境，组织学生开展角色扮演活动，让学生扮演不同的角色。

第三，设立多层次学习目标，明确学习任务。我在进行大语文教学时，会设立多层次的学习目标，让学生明确每个阶段的学习重点和任务。设计任务时从整体出发，注重知识点间的联系，将多个知识点整合到一个大的教学框架中，以便帮助学生建立系统的知识体系。我关注学生在各个阶段的知识掌握程度和能力发展水平，帮助学生更好地理解和掌握知识，从而提高学生的语文素养和综合素质。

实施与开展大语文教学，让学生爱上语文，是我的初衷，也是我快乐的源泉。

结　　语

回想我们自己的读书生涯，老师上课讲的具体内容我们早已忘记。让我们印象深刻的是什么呢？可能是一句鼓励，可能是老师某一刻的真情流露……语文老师不仅仅是传授知识，更是让学生热爱生活、爱自己、懂得美、尊重他人。

语文老师让学生在阅读与写作中感受生活与美，更要在生活中发现美。每一个节气，都是季节对我们的提醒；每一片晚霞，都是自然给我们的馈赠；每一滴眼泪，都是我们的成长。用心生活，可能就是语文的全部奥秘吧。

虽然课业繁重，虽然有考试成绩的压力，但是每一堂语文课上大家一起读一首诗，听一段美妙的旋律，欣赏一段动人心扉的文字，课堂的改变由此发生。此时、此地、此身，我们一起见证美好、传递美好、创造美好。做这样的语文老师，一定是幸福的语文老师。

我的闻是学堂

程金凤

广东省佛山市顺德区顺峰小学

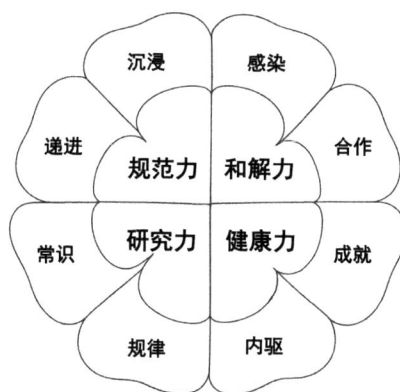

从教语文教学26年，我提出"闻是学堂"的幸福进阶教学体系。此教学体系以儿歌启程，绘本引路，文本识字，经典浸润，思维导图助力，活动加持。基于我从事"闻是学堂"教学的经验与智慧，我对教师幸福力"四力"理解如下：

规范力：在闻是学堂的学科进阶进程中，规范力不仅体现在内容和课程设置上：低幼年级绘本阅读递进到经典阅读方法，再用思维导图将经典阅读的感性提升到理性进行巩固；更体现在学童的态度上：沉浸式的诵读设置能让孩子们接触到足够的信息量，感受朗诵带来的音韵之美，营造阅读形成的成就感。

和解力：在闻是学堂的学科进程体系里，和解力不仅代表着老师和家长、学生之间的理解与合作，更体现了将学生放在平等的地位，共同面对问题，解决问题从而习得解决问题的能力的一种方法，同时是营造、达成和谐幸福氛围的途径。

健康力：让闻是学堂的孩子形成内驱力，关键在于帮他们建立成就感，让他们在学习中感受到自己的进步和成长。具体方法是他们设定分段的目标，让孩子逐步完成，从而获得成就感，这不仅能够提高他们的学习兴趣和动力，还能够培养他们的自信心和独立思考能力，幸福感也愈加绵长恒久。

研究力：在闻是学堂的进阶教学体系中，根据不同学龄段儿童的成长发育规律和常识，不断探索新的方法和知识。通过将阅读与思维导图相结合，拓宽孩子们的视野。将规律和常识结合理论，进一步升华并反哺闻是学堂的教学。

如是我闻——教学的目的是幸福

开学第一天，他一来就坐在了最后一个座位。和喧闹的同学比起来，他沉着脸，眼睛不看任何人，应付地配合着老师。跟他说话，他不怎么搭理人。感觉他是一个小刺头。

果然，到了第二天下午，因为他的水杯放在后面，一位同学不小心碰到了，天哪，这可触发了炸弹，他竟然莫名其妙地拿着水杯往自己头上砸，还一个劲儿地说："我不要活了，我不要活了，我要自杀，我不想活了……"我从来没有见过这么伤害自己的孩子。当时我就去抱住他，问他发生了什么，可是他完全不受控制，依然用杯子砸自己。我想制止他，可是他的那股劲儿真不知道是从哪里来的，我泪流满面，心疼极了。当天晚上，我就叫他的爸爸妈妈来学校。他们很配合，说孩子在幼儿园换了三所学校，跟爷爷奶奶长大的，很多时候不懂表达自己的情绪。

根据他的情况，我们认为需要给他归属感和认同感。于是语文课上，我总是叫他带头朗读，并且及时表扬。他声音渐渐变大，很享受作为领读者的角色。课堂上总是去看见他、发现他并且鼓励他，想方设法让他跟他能合得来的孩子坐在一起，去影响他。他开始愿意和老师、同学说话，偶尔会有笑容，学习慢慢跟上集体的步伐。

但过程并没有我们想象得那么简单，他还会偶尔因为自己没有带一块橡皮而发火，因为不会做一道题而愤怒……也开始影响到别的同学，个别同学开始对他有敌意，一个调皮的小男孩儿常常去撩他。当然我有时候忍不住对他进行批评教育，但发现作用不大。

慢慢接触，发现他很愿意干活，喜欢花草昆虫，很容易专注于某一件事情里去。"老师，班级的肉肉又发芽了！""老师，含羞草的花结种子啦！""老师，发财树上飞来一只七星瓢虫。"……我就按照时令节气带着他种菜、养花，找蝉蜕，观察蜻蜓，捡拾木棉……再引领他写话、写诗，画思维导图，不知不觉中，他的话匣子彻底打开了：在分小组种植豌豆、黑豆的过程中，他简直变成了"十万个为什么"：

"老师，种子的根为什么紧紧地缠在一起？""世间万物都是和合而成的，团结合作才能做成大事，一群人才能走得更远。"

"老师，为什么这颗种子的根朝上？""植物生根发芽，枝丫朝上向着太阳，根向下寻找水源，根越深，芽苗植株才能长得越旺，学习也如此这般，不断地静下来，沉下来修养自己，才能为你的外在提供丰富的营养去绽放。"

"老师，这个小苗苗为什么长歪了？""放心，过不了多久，它也能在集体的力量下找到合适的方向呢。它就像我们的小怪物，我们爱着它，每天给它浇水，集体的力量就像太阳……"

广播操比赛前，他又因为没穿对比赛服内疚而生闷气。我引他看着茂盛的小苗，拿在手里左摇右摇，甚至把苗苗往下扣，它们都不会掉下来，因为它们的根牢牢抓在一起，战无不胜，就像我们团结起来，没有啥事做不好。比赛时，他特别卖力，班级得到特等奖，我夸他，同学们也使劲儿鼓掌……

他偶尔学习没有耐心，我会拿他喜欢的小苗苗说事：急啥呀，慢慢来，看看你之前种的豆，是不是长得最慢？耐心养育，这苗苗是不是都快开花的呀？他一听就不说啥了，抿嘴一笑，做事去了……这时候我知道，他已经不是小刺头了。

教师最大的幸福，不就是一棵树摇动一棵树，一朵云推动一朵云，一个灵魂唤醒另一个灵魂吗？从教多年，我在教学生涯中积累了类似上述诸多事例和经验，从经验中提炼出感悟和认知，由感悟和认知推导得到符合自身和班级特点的结晶，那就是闻是学堂的幸福教学体系。

爱因斯趣——什么是闻是学堂

大事必作于细，难事必作于易。

儿歌启程：每个早上，我都会提前20分钟去教室。前一天晚上我会把第二天要读的儿歌全部录下来。早晨一到教室我就先放录音。孩子们边听录音边指读。我就去打扫教室，伺候外面的花花草草，收拾完我就和他们一起读。就这样，孩子们进到教室就开始摇头晃脑地读了起来，有几个孩子就学着去打水、浇花、扫地……越来越多的孩子参与其中。在《闻是儿歌》《三字童谣》的浸润下，一个多月下来，孩子们喜欢上诵读。每首儿歌后面还有识字识词部分。不知不觉中还把语文教学的知识渗透其中，将课标要求的语感构建和语言运用融入其中。

绘本引路：孩子最喜欢的是故事。从开学第一天的《小魔怪上学》《吧嗒猫上学记》《小阿力的大学校》开始，孩子们爱上故事、爱上老师、爱上学校、爱上学习，接下来的每天就是一人一册绘本。

经典浸润：到了一年级下学期，孩子们已经养成了良好的诵读习惯，识字量也慢慢增长，我让他们在书香的陶冶下与经典为伴，汲取其精华，陶冶人格，开发自身智慧。编写经典时，注意课堂教学的规范性和开放教学的灵活性；使用经典时，一、二年级每周利用一节正式阅读课上《经典之美》，另外诵读安排在每天的晨诵和午读；在学习中，引入评价环节，提倡师生共评、同伴互评、亲子共评，设置整体情况评价表。

闻是学堂就是上述经验、实践与学术研究结合的成果，也是我的梦想教室，结合了个人所接受的教育、人生阅历和对教育教学的理解，结合了本地历史文化和学生群体素质。

闻是学堂的班级口号："如是我闻风雅颂，爱因斯趣赋比兴。俯察关心天地人，仰望太空日月星。"

闻是学堂的构想：以天籁、墨韵、书香、逸趣，促进孩子多元智能的发展，适应儿童天性和能力真正做到因材施教，让每个孩子从学习中获得幸福感，成长成为最好的自己。

闻是学堂的进阶路线如下：

一年级：绘本阅读；经典之美1；硬笔书法；童诗诵读；绘画日记；爸妈故事会。

二年级：桥梁书阅读；经典之美2；亲子绘本秀；诵绘写成长册；思维导图。

三年级：经典之美3；儿童小说；闻是诗集；读书会；儿童剧展演；软笔书法；思维导图。

四年级：经典之美4；辩论赛；读书会；综合实践探究；书小古文；闻是诗集；思维导图。

关心天地人——教学与幸福力结合探索

一是发现幸福，获得诵读音韵之美。

小航刚来时，几乎不听老师的指令，每天下课带着几个调皮男孩到处跑，铃声响了也不回教室。去饭堂吃饭，路上就把小便解决了，他还说是别人带他的，跟他没关系。和他母亲聊天，知道这都是环境熏染出来的。妈妈特别善良，非常配合我的教育工作。

他爱看书，很多要做的事都因为看书而耽误了。我从他爱看的书入手。每天早上读经典，能让他安静下来，于是，早读我都带着他跟我一起诵读，穿插给他们讲《声律启蒙》里的典故、诗人的趣事。他最喜欢李白了，还要像他一样仗剑走天涯……仿佛我俩突然找到了相同的爱好。一次聊天，我说我有读《道德经》的习惯，要读够300遍，没想到他说要挑战我。他说他也要读300遍。之后，我们就一直坚持着。读着读着他似乎读了进去，名言警句成了他的口头禅。以前那个出口就是脏话的小男孩儿，在经典的熏陶下，不知道去了哪儿了。

为了激发孩子们诵读的兴趣，我们采取了多种激励方式。比如：教师领读，学生跟读；一小组领读，其他小组跟读；"小老师"带读，学生全体齐读；师生对读，生生对读，男女生赛读，同桌拍手读；将背诵内容融于各种游戏活动中，比如学生边踢毽子边念，边跳绳边念，边打节拍边念，边做室内操边念；等等。学生读得有滋有味，劲头十足。从中体验了音律声韵之美。

随着阅读的深入，孩子们渐渐不再满足于简单地诵读，他们对经典内容产生了兴趣，许多学生向老师提出疑问"老师，这句讲的什么意思啊"，一些家长也提出"能不能给孩子讲讲诵读内容的意思"。因此，在诵读的同时，适当讲解文本内容，扩充孩子的知识面，增强孩子阅读的兴趣和获得感，这是经典诵读的进阶。

我们还总结出幸福阅读的"降龙十八掌"：

第1掌：选择你自己喜欢的书。

第2掌：开一个读书宴。

第3掌：边读边玩。

第4掌：他翻页，你读书。

第5掌：阅图漫步。

第6掌：一边读，一边演。

第7掌：引发问题，引导思考。

第8掌：聊书。

第9掌：读后行动，拓展阅读。

第10掌：给自主阅读留出空间。

第11掌："书虫"长、长、长。

第12掌：延伸阅读。

第13掌：让孩子引导孩子。

第14掌：走到哪儿，读到哪儿。

第15掌：充分利用公共资源。

第16掌：书香满家园。

第17掌：橱窗原理。

第18掌：享受爸爸的声音。

我们还将经典阅读与日常生活、社会活动等结合起来，跟时令节气结合起来，还邀请家长来班里举办读书方面的讲座、开故事会等。闻是学堂选择世界最优秀的读本，二、三、四年级则使用我们自编的《经典之美》。

二是感知幸福，多维度多感官体验。

在生活里，对事说是做，对己之长进说是学，对人之影响说是教。教与学都以做为中心，为行动而阅读，在阅读上行动。我的理解就是：教师与学生站在一条线上，教人读书的同时学习各种技能，教学相长，共同进步。

闻是学堂不仅仅引导学生诵读和书写，更引导学生通过眼睛观察、手摸触感、鼻闻味道、耳听声音来感知这个世界。

如我们班的植物角会种萝卜，播种、浇灌、施肥、收获……一直到做成菜肴，都要同学们参与。

又如观察豆芽的生长过程，从萌芽蝌蚪状到绿意盎然、到满盆春意。

再如护蛋行动，从蛋的来龙去脉到先有鸡还是先有蛋的哲学启蒙，再到孵化成小鸡、长成大鸡，不同的孩子从中得到不同的感受。

三是创造幸福，画出思维导图，了解世界的运行规律。

我们做完上述事情后，还引导学生画出相关的思维导图。

教育的核心是发展孩子的思维，思维本身是无法被看到的，而思维导图能让隐性思维显性化。思维能力包括三个方面：记忆能力、理解能力、创造能力。使用思维导图能指引、激发、组织孩子思考。

四是分享幸福，沟通让感染力最大化。

营造良好的幸福教育教学氛围，包括日常的沟通细节也都要尽量用心去做，才能让学生、让家长理解老师的理念，将自己和学生的美好情绪和幸福感外溢，将影响力最大化，从而达到良好的家校配合。

自媒体时代，人人都可以发出自己的声音，影响身边的人，扩大自己的影响力，将幸福氛围的外延扩大化，加强正面情感的感染力。

仰望日月星——闻是学堂的成效

近十年，在1—3年级的实践里，闻是学堂营造沉浸阅读氛围、培养渐进式读写画（思维导图）能力，学生在语言能力素养方面有明显可见的优势，教师在教学上形成一条行之有效的路径。

闻是学堂努力探寻与孩子、家长们共同发现、感知、创造与分享幸福的能力，在孩子们人生最容易感受到幸福的几年里拥有能回馈未来岁月的幸福力。我们把这称为教学相长，共同成就，闻是而知幸福。

结　语

因为幸运，我得到了一个彩色钱夹，钱夹里装满了花籽，有的黑亮黑亮，像奇怪的小眼睛。我要用心、用爱去浇灌。看着他们穿上绿色的短上衣，戴上彩色美丽的花边布帽子……

这就是我们的闻是学堂。

第四编

领航者的力量

苏国庆

广东省佛山市顺德区鉴海小学

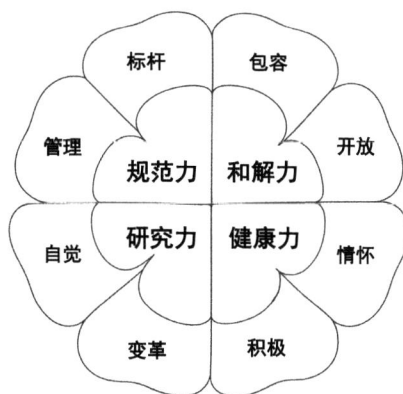

我作为班主任工作室的主持人,既需要有组建团队、勇于探索,又需要尽我所能,帮助每一位伙伴进步和发展,为他们的成长创造良好的条件。基于我担任班主任工作室的主持人的经验与智慧,我对教师幸福力"四力"理解如下:

规范力:借鉴已经成熟的管理经验,结合工作室的实际情况,制订既科学又人性化的管理制度,定期培训和考核。主持人以身作则,引导团队成员向更高的标准看齐。明确工作室的长远目标与短期任务,制订切实可行的工作计划,并通过有效的规划和时间管理,带领团队朝着既定方向稳步前进。

和解力:倡导多元化与包容性的团队文化,尊重每个成员的独特背景与观点,为团队成员提供宽松、和谐的工作环境。在团队中,学员成员间互相支持,共同成长。无论是工作上的困惑还是个人成长的烦恼,都可以在这里得到倾听与解答。

健康力:时刻关注团队成员的心理状态和工作压力情况,建立心理辅导和压力缓解机制;倡导健康的生活方式和积极向上的工作氛围,鼓励团队成员积极参与体育锻炼和休闲娱乐活动;坚守教育初心,为学生健康成长和全面发展贡献力量;积极参与社会公益事业和志愿服务活动,为构建和谐社会贡献力量。

研究力:主持人要紧跟时代的步伐,掌握最新的教育理念和教学方法,勇于变革;要具备自我驱动的学习能力,不断提升自己的专业素养和教学水平,积极参加各种学术交流和研讨活动;要利用业余时间阅读专业图书和论文,和团队成员持续进修。

心之向往：舒适的教育温度

班主任的工作总是忙忙碌碌。然而，在2018年班主任研修培训中，我遇见了王晓波老师，她创立的"21度班主任工作室"为我打开了一个全新的世界。

王老师说，21度是最舒适的教育温度。在我们日常生活中，舒适的温度往往能带给我们身心的愉悦和放松。就像在寒冷的冬日里，一杯热腾腾的咖啡能温暖我们的双手，驱散寒意；在炎热的夏日里，一阵清凉的微风能让我们感到清爽，缓解酷暑带来的烦躁感。同样，在教育工作中，班主任的角色就如同那个能调节温度的人，让班级的氛围变得舒适，让孩子们在其中健康成长。

我打开她的公众号，感受到一种平静和舒畅。在这里，班主任们可以分享在班级管理中遇到的各种问题："孩子在课间玩奥特曼卡片，该如何处理？""教室里总是有垃圾，怎样才能保持清洁？""如何引导那些敢于对老师说不的孩子？"也会分享各种建议："教育是一种成全，既成全孩子，也成全生命。真正的教育，是为生命多开辟一条道路。""当学生处于负面情绪时，教育目标是很难实现的。发火虽然痛快，但并不能解决问题。我们需要学会将负面情绪转化为智慧。"

我看到这些问题时，我意识到我并不是在孤军奋战。我看到王老师不仅给出建议，还能透过现象看本质，传递出许多教育知识，我仿佛找到了问题的根源，内心豁然开朗，怨气和苦恼顿时烟消云散。我神清气爽地回到班级，面带笑容。

我印象最深的是王老师"猫王国"班级管理模式。在这个模式中，班级就像一个神秘而充满冒险的王国，每天的学习生活都充满了新奇和刺激，满足了学生们的好奇心。王老师本人总是打扮得优雅得体，气定神闲。她的"24节气生活"课程，陪伴学生们度过每一个特别的日子，传递给学生们生活的美好和万物的灵性。每到开学和学期结束之际，她都会给工作室的成员们写一封充满期待和仪式感的信。此外，她还会分享生活中的"小确幸"，在21度这个最舒适的温度里，传递着教育的美好与幸福。

工作室的主持人，带领一群小伙伴，为一个目标的实现而共同工作，实现"整体大于部分之和"的效应。这是多么有意义的事，我心向往。

愿景与目标：创建一间温暖而幸福的班主任工作室

资深的班主任，有着丰富的经验，有着传播分享能力、有着自己教学理念以及实践经验的想法，组成工作室，形成共同体，就可以把"我"的发展变成"我们"的发展。

2019年，我和一些班主任成立了校级工作室。班主任工作室就这样应运而生了。我充满期待，希望它像一座"塔楼"，在前行的路上不仅辐射引领，还将"光"投向更大的范围。

如何定好工作室的"教育情调"？

第一，在"新教育"中提取理念火种，以文化人，照亮前景。

我带领着工作室的成员跟随新教育实验发起人朱永新老师的脚步，高质量地阅读《致教师》《新教育》《我的教育理想》《过一种幸福完整的教育生活》等。书中含有教育的哲学，让我们击节而赏。

新教育提出"拓展生命的长、宽、高"，传承宋庆龄"缔造未来"的崇高理念。班级管理，有长度，即善于立足当下，追求班级长远发展；有宽度，即以一颗宽厚的心待人接物；有高度，即立德树人，围绕学生发展为中心。主张打造完美课堂，创建幸福班级，师生共同度过一段快乐时光。育人理念——"以文化人"。

第二，以真正改变学生的教育智慧为工作方式，优化策略，光芒四射。

教育是一种改变，全国名班主任刘令军率先从心理治疗领域迁移到教育教学，提出"第二序"改变，打开学生教育的新方式，动机重新框定、模式重新框定、环境重新框定、施力点重新框定，改变策略，治理疑难杂症，为教育工作难题找到突破口。我们欣喜，我们尝试，在埋头苦干的日子里有所突破，温暖、幸福成为我们工作室的教育情调，涂抹有爱和温度的教育底色。

2021年，工作室成员中有个新班主任，带了特殊学生较多的一个班，其中有一个特殊学生，他的父母经常找老师的茬。这位特殊学生在班上闹出的事儿越来越大，有一天他还偷偷打开了消毒仪器……学生们慌作一团，家长群集体声讨。

事情发生了，我一边安慰这位班主任，一边以工作室方式进行"协同管理"。前期，我们成员在一起，分头与孩子们进行深入的谈心，然后制订方案，发挥工作室老师的强项，和个别家长沟通，组织各种妙趣横生的活动，使班级充满生机，营造和谐友爱稳定的班级氛围。中期，我们约谈特殊学生及家长，分析问题，提供建议，家长由以往不接受的"刺猬型"谈话，到逐渐接纳孩子的缺点，最后有信心去改变孩子。后期，我们定期活动，密切关注学生们的变化，关注班级的发展。我们互相鼓劲，常宽慰开导这位新班主任："人需要在事上磨，磨到位了，就强大了。""问题在发展中会慢慢解决，就像泥块，弄匀弄小了，经过水泡后就散掉了。"

经过这件事后，我更加坚定信念：创建一间温暖而幸福的名班主任工作室，心中有爱，眼中有光，手中有法，不抱怨，多赞美，静下心来，倾听心底里的声音，知道自己冷，也知道别人冷，设法给别人一点温暖，最终抱团取暖，共同发展。

定位与建设：诗心匠行，幸福同行

2021年9月，我成为佛山市名班主任工作室主持人。我在原来基础上提炼出"以诗心和匠心成就教育的美"，作为工作室情调。我带着团队伙伴，开始布置我们的"家园"。

工作室以"师者当怀一半诗心和一半匠心。致其广大、尽其精微，成就教育之美"为文化内涵，以"诗心匠行"为行动理念，构建幸福共同体，推进班主任高质量发展。

一是幸福同行，提出班主任工作理念。与学生相伴行走"自我发展之路"，改变学生的生存状态，改变教师的行走方式，被专业认可，被学校认可，被学生认可，也被自己认可，这"四个认可"得到的满足感，就是精神上的幸福，做幸福播种者。

二是以文育德，提升班级管理能力。打造班本课程，发挥强大育人功能，构建班级文化，以文化人。以"正向教育"为导向，让学生成为课室"公民"。

三是以研促育，加强班主任队伍建设。让班主任成为班本课程开发的首席，通过课程研制能力提升了班主任的首要能力，培育属于本班个性化的班级文化的核心使命。鼓励班主任班级叙事通过写作，走上成长快捷路。带领做课题研究，搭建专业能力提升平台。

沿着这样的目标，我们的行走方式为多元融合，弘扬个性，获得综合技能高质量发展。

学做一位"明师"，丰厚班主任专业素养。明白教育规律，明了教育理念，明确教育方向。把积极正向的人生态度有系统融入教育过程。感性地爱，理性地教，教人教己，用人格魅力影响家庭和学生。具体表现在正面管教（非暴力沟通）、积极心理学、行为冰山、家庭教育（亲子关系）4

个领域研究。

争做一位"鸣师"，提升班主任专业能力。敢于写自己的教育故事，敢于传播自己的带班主张，敢于吹响哨子，组织丰富活动，上好班会专业课。敢于发现问题，做问题研究，解决问题。具体表现为参加班主任大赛、主题班会课比赛、课题研究、发表文章、录制微课。

成为一位"良师"，坚定班主任信念和追求。良师良言，育心育根。时刻保持内心定力，安静柔软，体会教书育人的意义和趣味，气定神闲地、优雅地、问心无愧地当好人民教师，当好班主任。具体表现为愿当班主任、能当班主任、当好班主任。

工作室以"协同"的方式，孵化了8个工作坊，50名学员，覆盖全区各校。采取"室坊组孵化"模式，点面引领，覆盖城乡。打造"室际联合""室坊联动""坊坊联手"等运行模式，搭建"54321"成长路径。

团队发展：踽步踏歌，载誉前行

"经验熬炼成智慧最后的一公里就是写作。"我带头写班级故事，带领大家写班级叙事，我们努力成为有教育故事的"硬核班主任"。在高位发展的道路上，2023年5月，我们荣幸获得了街道年度优秀教育团队的荣誉大奖。

这份荣誉的到来，让我们激动不已，无比振奋。这是对我们班主任工作的认可，也是对我们多年来坚持"育人为本，德育为先"的教育理念的肯定。在过去的教育实践中，我们面临着唯分数论的偏见，许多教师不愿意在德育上花费时间，认为做班主任太苦太累，而且没有直观的业绩。然而，这份荣誉的到来，无疑是对这些偏见的大扭转。德育的重要性不言而喻，班主任在这方面的确功不可没。我们必须坚持全员育人、全方位育人、全过程育人的"三全"教育理念。

班主任工作室凝聚了一批"尺码"相同的人。因为有了工作室，那些有理想的班主任在现实生活中不再孤单，工作室为理想的教育保留、培育了火种。

手捧着晶莹剔透的奖杯时，我深刻地感受到，这不仅是对主持人莫大的激励，更是一种责任和一份担当。工作室每走一步，都到了一个新高度。我们将载誉而行，用爱点亮教育之心，为培养更多优秀的学生而继续努力。

人才培养：倾心相遇，聚光共研

"室坊联动·聚光前行"的第一期活动，我特意安排在"小满"节气那天。工作室的成员、学员，从不同的学校前来，因为同一个目标，我们以后是"伙伴"了，人生同行一段路程。我从"小满"这个节气，引出大家都值得感恩的事情。我分享了自己的"小满"，从普通班主任的经历、经验指引，到被学校、家长、学生认可，到如今得到大家的追随。大家也分享了自己的"小满"，就是被单位领导、同事认可，遇到小团队，不再是孤勇者。

我提出工作室发展的愿景，畅谈角色定位的重要性、心态的稳定性、成长路径的明确性以及责任使命的担当，鼓励大家要树立"当好班主任，班主任好当"的信念，在面对实际问题时，不再采取简单粗暴的处理方式，而要学会运用更多的教育智慧来应对挑战。

我提议每个工作坊要有一个充满深意的名字。工作坊的主持人和成员们在接过象征着荣誉与责任的牌匾和学员证时，满怀激情地宣读着各自工作坊的寓意。在活动的高潮部分，我将这八个富有深意的工作坊名字巧妙地串联起来，作为对大家的寄语："披星望月，坚守杏苑，做心教育，闻道琢玉，真情沟通，晴空万里，遇见小满。"

示范引领：荣登名师说，传播教育理念

工作室在活动中发展，辐射面渐渐扩大，在首届街道创新月中，大良"名师说"也开讲啦！我和成员罗老师通过演讲直播，向区域同行、家长、社会展示大良名师风采，分享教育理念、育人故事，将多年三尺讲堂的经验润泽同行。

"教育不只有艰辛和困顿，也应该有美好和动人。"组建优秀班主任团队，为本地班主任成长起到辐射引领作用，这不就是我组建班主任工作室的担当和使命吗？

我们的工作室需要引领更多班主任，提升认知幸福、感受幸福的能力，让班主任感受到职业的幸福，在学生心头播下"幸福"的种子，倡导"幸福校园、幸福老师、幸福学生"的教育理念，向一种幸福而完整的教育生活出发。

我偶然读到清华大学王薇华博士的《幸福力教育：积极心理学的20节课》。幸福力教育作为一种新兴的教育理念，正逐渐受到人们的关注和认可。它为学生构建一个充满爱心、关怀与支持的学习环境，使教育充满了温度与力量。与传统教育相比，幸福力教育在许多方面都展现出了独特的优势。

亚里士多德说：幸福是人生的目的和意义，是人类存在的最终目标和终点。教育的最终目标是幸福人生。如何培养学生的幸福力？如何提升教师的幸福力？获得这些能力的途径是什么？

工作室以"教师幸福力"作为探究对象，帮助更多的老师、学生学会感受幸福的能力。我率先提出"班级活动培养学生幸福力""打造班本课

程提升班主任幸福力"等想法，带领成员以积极的视角去对待工作，获得满足感，价值感。

工作室培养了一批"不一样的人"，他们没有被单调、平凡、琐碎的班主任工作压垮。他们有专业的班主任知识结构，他们能专业地解决问题，他们能开发课程引领学生成长。他们照亮、温暖学生的同时，自己的生命也光华灿烂。他们过着一种幸福而完整的教育生活。

结　语

2021—2023年，我有幸成了省级"百千万培养工程"名班主任培养对象。在导师的引领下，我参加了多元研修活动，这些活动让我有机会将所学理论知识与实际工作相结合，不断提升自己的教育能力。三年，跨越山海，求学问道；三年，学以致用，初见成效；三年，坚守初心，逐梦前行。在示范引领帮扶阶段，我积极发挥辐射示范引领作用，帮助不同地区班主任解决工作中的困惑和问题，同时从他们的反馈中不断完善自己的教育理念和方法。

2023年我积极建立粤藏两地班主任工作研究的有效链接，促进两地班主任之间的交流互动，面向林芝一小、林芝二小班主任推广优秀的班级管理经验，提供教学示范和专业支持；2024年远赴新疆示范带学活动，开展粤新两地教育交流合作，我在喀什十四小学、喀什市疏附县石园镇中心小学上主题班会示范课，将"体验式学习方式，将德育具象化"的主题班会理念传递给老师们。

我带领工作室，组织了多场线上线下活动，如与梁淑君工作室、邓春花工作室、何秀梅工作室分别联合开展活动。我们相互扶持，共同进步，在团队中不断成长，在合作中不断提升，开创属于我们的精彩世界。

公益路，幸福长

罗巧娴

广东省佛山市顺德区华侨小学

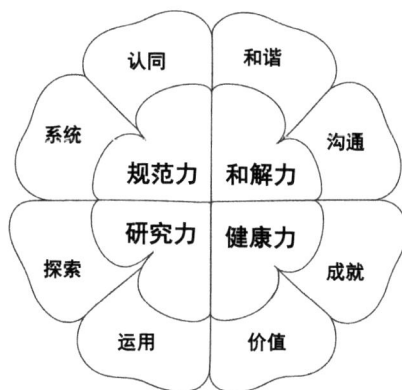

公益阅读，不仅是一种教育实践，更是一种生活的哲思。作为志愿者，我坚信，阅读的力量不仅能带来知识，更能播种幸福，用一颗炽热的心回馈社会。基于我从事公益阅读的经验与智慧，我对教师幸福力"四力"理解如下：

规范力：在我的公益阅读实践中，我逐步提炼出一套系统而规范的阅读推广方法，这些方法使公益活动更加有序、高效。作为公益阅读的志愿者，我始终以规范的行为和高标准的要求，影响着更多的人，推动着公益阅读的发展。

和解力：阅读是一种强大的沟通工具，它能够跨越心灵的隔阂，增进人际关系的和谐。通过公益阅读活动，我不仅与学生们建立了深厚的情感联系，还与家长们、导读师们、志愿者们建立了良好的沟通桥梁。

健康力：参与和组织公益活动，让我实现了个人的社会价值，感受到公益带来的幸福和满足。这种健康力体现在我积极参与社会活动，关注他人需求，以及从中获得的成就感和满足感，促进社会的和谐发展。

研究力：通过将阅读与实践相结合，我拓宽了视野，丰富了阅读的内涵和外延。这种研究力体现在我不断学习和探索新知识，以及将所学应用于实际生活中的能力。

美丽的邂逅

2016年，我有幸接触到公益阅读，内心的感动和幸福感如同一颗种子，开始在我心田里萌芽。

初次遇见杨荣林老师，是在一个充满书香的教室里。杨老师，一位拥有30多年教龄的语文老师，她的笑容如同阳光，照亮了我的心。杨老师发现，班上的孩子，尤其是那些外来工子弟，由于种种原因，阅读量少，基础薄弱。因此，她利用周末时间，组织孩子们开展课外阅读。这些活动不仅让孩子们有了更多的阅读机会，也让他们在阅读中找到了乐趣。随着活动的深入开展，越来越多的孩子被吸引加入。杨老师意识到，要确保活动的持续性和有效性，需要一个更加稳定的平台。于是，她联合了操老师、卢老师等，共同创办了"红豌豆儿童阅读推广协会"，希望阅读能够像豌豆一样，在孩子们心中生根发芽，最终长成茂盛的大树。协会的宗旨是帮助孩子们养成终身阅读的习惯，提升他们的知识水平，培养他们的独立思考能力和创新精神。

我第一次参加协会活动时，内心充满了紧张和不安。我担心自己无法胜任这项任务，害怕无法给孩子们带来真正的帮助。然而，杨老师的鼓励让我卸下了心中的负担。她告诉我："公益阅读课就像平时上课一样，没问题的。"在一次次活动中，我看到了协会成员们无私的奉献，看到了孩子们在阅读中成长的喜悦。他们从最初的不善言辞，到后来的自信表达，从对阅读的抗拒，到后来的热爱阅读，这些变化让我感到无比欣慰。我开始主动参与协会的活动，尽力帮助更多的孩子爱上阅读。我看到了公益阅读的力量，它不仅改变了孩子们的命运，也让我自己的生命变得更加丰富。

难忘的课堂

那是我在红豌豆儿童阅读推广协会的第一堂课。我走进教室，一群六七岁的孩子已经端端正正地坐在那里，脸上露出纯真的笑容。

那堂课的内容是讲一册绘本，讲述的是一群小动物在春天的森林里玩耍的故事。我尽可能地运用生动的语言和丰富的表情，吸引孩子们的注意力，让他们沉浸在故事的世界里。随着故事的推进，我注意到孩子们的眼神越来越亮，他们的身体不自觉地随着故事情节轻轻摇晃，时而点头，时而微笑。我讲完故事，教室里爆发出热烈的掌声和欢笑声。那一刻，我感到一种前所未有的满足和幸福。与平时学校的课程截然不同，这堂公益课没有教案的束缚，没有成绩的压力，只有我与孩子们之间最纯粹的互动和读书的快乐。

课后，我沉浸在孩子们的反馈和自己的反思中。在课堂上，孩子们不仅仅是在听故事，而是通过参与、思考和表达，与我和书本进行对话，逐步形成对世界的认知。在这个过程中，我学会了如何与孩子们建立深厚的联系，如何引导他们去思考和探索。我观察到，孩子们沉浸在阅读中时，他们的思维是如此活跃，他们的表达是如此自信。这让我更加深刻地理解了阅读的重要性，它不仅能帮助孩子们拓宽视野，还能培养他们的思维能力和创造力。

可爱的人儿

有一次，顺德区妇联邀请我来到顺峰山公园儿童服务中心，为那里的孩子们上绘本课。那一天，原本是一个晴空万里的日子，但突然乌云密布，接着便下起了雨。许多人带着孩子进来避雨，而我正好要上课，便邀请他们一起参与进来听课。

当孩子们安静坐好时，我愣住了。最小的孩子才四岁，正在上幼儿园，最大的孩子已经十二岁，正在上初中。我今天准备的是绘本课《狼大叔的红焖鸡》，似乎难以同时吸引这么大的年龄跨度的孩子们，这可如何是好？我突然想到了差异化教学策略，马上调整了上课方案，在课堂上针对不同年龄段的孩子，提出不同深度的问题和活动设计，既考虑了幼儿的简单理解能力，又照顾到青少年的复杂思维需求。

课堂上，我惊喜地发现，孩子们的回答充满了童真和智慧。当讲到鸡宝宝们跳到狼大叔身边，亲了他一百下时，许多孩子纷纷跑上讲台模仿起来，噘着小嘴，说："谢谢您罗老师，我也要给您一百个吻。"那一刻，我被孩子们的纯真和善良深深打动。

随着课程的深入，我开始引导孩子们思考狼大叔的变化。原来，合适的语言和对人友善的动作都可以让别人感到幸福、温暖和快乐，还可能改变别人不好的想法。孩子们的眼中闪烁着光芒，他们积极发言，表达自己的看法。这种互动和交流让我深深地感受到教育的魅力。

雨渐渐地停了，但孩子们仍然不愿意离去。家长们纷纷围过来，对我表示感谢。在那个特别的雨天，他们也上了一节特别的课。他们原本以为，绘本只适合幼儿阅读，没想到初中的孩子也可以阅读，甚至他们为人父母了也可以阅读。不同年龄段阅读会有不一样的感受，这是他们从未有过的体验。我也深深地感受到作为教师的幸福和满足。我在朋友圈发了这样一条信息："风声雨声读书声，跟一群跨度最大的宝贝一起阅读，很享受。"

教育无边界。无论是幼儿、青少年还是父母，阅读都能带给我们启示和收获。让我们一起享受阅读的乐趣，与孩子们共同成长。

可亲的人儿

为了支持协会的工作，瞿老师等利用假期安排好一学期的任课表，并与上课老师联系确定上课的时间和内容。他们还积极采购图书，利用下班时间送至上课老师的手中。在当时汽车还没有普及的情况下，他们经常是坐公交或骑单车往返于学校和书店之间，为老师们提供所需的图书。这种奉献精神令人感动，也让我深刻体会到公益阅读的重要性。

我记得那是一个寒冷的冬日，瞿老师顶着风雨，骑着自行车在路上穿梭。她的身影在寒风中显得那么坚定、那么执着。他的行动不仅仅是为了提供图书，更是为了点燃孩子们对阅读的热情，为了培养他们的创新精神和独立思考能力。这种精神激励着我们，也让我们更加坚定地相信，公益阅读能够为孩子们的未来带来无限的可能。他们的努力和奉献，让公益阅读得以持续开展，成为一种不可忽视的力量。

可敬的人儿

公益阅读不断扩大，吸引了越来越多的人加入导读师队伍，丰富了阅读的课程。夏警官利用职业特长，给孩子们上防拐骗、防欺凌等课程。他用亲身的经历和相关的案例，让孩子们了解安全的重要性，学会保护自己。金融行业的导读师给孩子们上理财课程，让他们了解金钱的管理和投资，培养正确的金钱观。医护专业的导读师给孩子们上健康方面的课程，讲解健康的生活方式，让孩子们从小养成健康的生活习惯。这些丰富的阅读课程，让孩子们遇见了不一样的天地，给他们带来了不同的体验和收获。

在开展阅读的过程中，要一批志愿者负责签到等后勤工作。这些志愿者有很大一部分是参与阅读的孩子的家长。陈妈就是其中的一位。她住在容桂，偶然的一次机会，孩子参与了阅读课程。从此，孩子爱上了阅读，也爱上了这个公益活动。孩子在阅读中找到了乐趣，学习成绩从年级的几十名上升到前几名，这让陈妈非常高兴。看到孩子在阅读中取得的进步，陈妈主动加入志愿者队伍，她说："这么好的公益活动，必须让更多的孩子受益。"于是，她开始负责签到工作，帮助组织者管理参与阅读的孩子，确保每个孩子都能够得到良好的阅读体验。在这个过程中，陈妈学会了如何组织和协调，她的付出得到了其他志愿者和孩子们的认可和赞赏。陈妈的故事不仅仅是个人的成长历程，更是家庭的幸福故事。她的故事告诉我们，公益阅读不仅是一项有益于孩子成长的行动，更是一种传递爱心和温暖的社会责任。

深度研学

我们的导读活动，从最初的简单绘本阅读课开始，逐渐扩展到整本书阅读、研学课程等多样化的活动。记得我们第一次组织的研学活动，地点选在了历史悠久的陕西。

为了让这次研学活动更加富有成效，我们经过了多次深入探讨，最终决定将阅读与研学紧密结合。我们先带领孩子们研读与研学点相关的历史图书，让他们在实地研学之前对目的地有一个全面的了解。于是，我们和孩子们一起阅读了《写给中国的儿童历史》丛书。这套丛书以通俗易懂的方式讲述了中国的历史，让孩子们在轻松愉快的阅读中逐步理解祖国悠久的文明。我们利用了六个周末的时间，与孩子们一起分享、交流，从人文、历史、美食、景点等多个角度了解陕西。这一过程中，孩子们对陕西充满了期待，对西安这座古都的历史充满了好奇。

终于，期待已久的研学之旅开始了。我们一行人走进陕西历史博物馆，孩子们的兴奋之情溢于言表。一件件展品仿佛从书本中跳出来，带给孩子们无尽的惊喜。这种学习体验让他们在参观的过程中不仅增强了对历史的理解，还激发了他们的主动学习和探索精神。一个孩子兴奋地喊道："老师，这是我在书中看到的鸳鸯莲瓣纹金碗，你看，跟书里介绍的一模一样！"另一个孩子指着一件青铜器激动地说："这是五祀卫鼎，这不仅是西周青铜器断代的标准器，还是研究西周中期社会经济和土地制度的珍贵资料。"孩子们滔滔不绝地讲着书中学到的知识，导赏员在一旁竖起大拇指，感叹道："这些孩子真了不起，懂得这么多，比我介绍得还详细呢！"

看着孩子们在博物馆中流连忘返，他们的眼睛里充满了发现的光芒，我感到无比欣慰。其他的小朋友可能只需一两个小时就能逛完博物馆，但我们的孩子在每一件展品前驻足，仔细观察，讨论得热火朝天，一整天的时间都不够用。

参观博物馆后，我们去品尝当地的美食。每上一道菜，孩子们都能说出名字，还能讲出这道菜的历史渊源。有些孩子甚至能将秦菜的形成和发展与陕西的气候、物产、历史联系起来，不禁让我感慨：这群孩子不仅是在吃食物，更是在品味文化，他们在用心感受着这片土地的独特魅力。

这次研学活动，不仅让孩子们学到了许多知识，也让我这个原本对历史不太感兴趣的人，重新认识了祖国悠久的历史。更让我惊讶的是，孩子们的学习方式也悄然发生了变化。他们不再是死记硬背，而是将知识与生活、实践紧密结合，真正做到了学以致用。

活动丰富

我利用自己的专业特长，助力于公益阅读，反过来，我积极借鉴公益阅读的经验，开展了"小学低年级学生阅读兴趣培养策略研究""基于微信平台的小学语文整本书阅读策略研究""利用绘本提高低年级小学生群书阅读能力的策略研究""互联网+背景下小学语文线上线下混合式教学实践研究"等研究项目，教学水平得到极大提升。

在创建阅读特色班级的过程中，我积极借鉴公益阅读的经验，精心设计一系列阅读活动，将孩子们引领到知识的殿堂，真正做到了教学相长。

"书友会"活动：在班级内，以小组为单位，成立书友会小组，每个小组有自己的队名。每个月组织一次书友会活动，每个同学轮流一次当组长，负责组织、主持书友队活动。活动一般安排在周末，地点可以选择在美丽的公园或是小区。孩子们围坐在一起，手中捧着提前阅读了的要分享的图书，通过各种形式分享自己与书的故事，鼓励孩子们勇敢发表自己的见解。

"亲子共读"活动：每个周末，我们都会安排时间，让孩子们与家长一同阅读，分享阅读的乐趣。孩子们在父母的陪伴下，不仅加深了对图书的理解，也增强了家庭间的沟通与情感联结。这样的活动不仅拉近了家庭成员之间的距离，也让孩子们在阅读中感受到了家的温暖。

"阅·家长进课堂"活动：我们邀请各行各业的家长来到学校，他们分享了自己的职业经历、人生感悟，以及与书相伴的成长故事。孩子们在聆听中，不仅开阔了视野，还感受到阅读对于个人成长的重要性。一位家长分享了他如何通过阅读克服了工作中的困难，激发了孩子们面对挑战时的勇气和决心。

"挑战100天'好句背诵'"活动：100天内，每天孩子们都会挑选一句自己喜欢或有启发性的句子进行背诵,并在班级群里分享。随着时间的推移,孩子们的语感逐渐增强,语言表达能力得到了显著提升。更让人惊喜的是,这一活动激发了许多孩子对于诗词、名言的兴趣,他们在享受阅读的同时,感受到语言的魅力。

"云上时光,网络共读"活动:疫情期间,我们通过网络平台,组织了一场场线上共读活动。孩子们可以随时随地参与阅读,与来自不同地区的小伙伴分享心得,共同探索知识的奥秘。

结　语

从最初的绘本阅读,再到整本书阅读,再到研学课程等等,这一系列的活动,我们用实际行动证明了教育的力量。在公益阅读这条路上,我收获的不仅仅是学生、家长的认可,还有一群志同道合、充满爱心的朋友,而且我自己的专业研究能力和教育教学能力得到显著提升。最重要的是,这些活动不仅激发了孩子们的阅读兴趣,也让他们在知识的海洋中自由遨游,找到了属于自己的方向。我们见证了孩子们从最初的胆怯、害羞,到后来的自信、勇敢,每一次进步都让我们感到无比骄傲和满足。正如一位孩子所说:"以前我觉得读书很无聊,但现在我发现,书就像一把钥匙,打开了一扇通往新世界的门。我可以和书中的人物一起冒险,一起学习,我觉得真的很棒!"那一刻,我知道,我们的努力没有白费,我们的目标正在一步步实现。

越过心门绽放

杨　洁

广东省佛山市顺德区鉴海小学

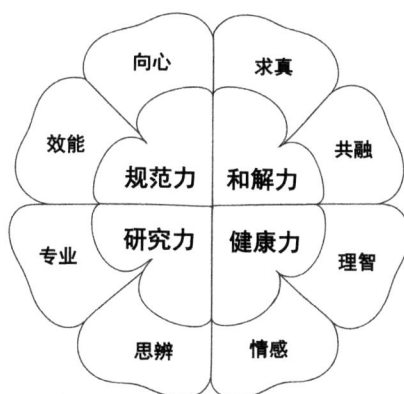

我对外汉语专业毕业,从事小学语文教学,并承担班主任工作,跨学科就业,在短短三年将劣势化为优势、转为特优。我发现拥有创新班级管理意识、谦虚求教、踏实钻研异常重要,以跨学科视野形成带班特色。基于我跨学科就业的经验与智慧,我对教师幸福力内涵理解体现如下:

规范力:教师行为世范,规范力指规范自己的从业行为,保持良好的教学行为。在教学上要遵循新课标的相关理念,认真钻研教材,以课标为纲。在此基础上不断创造、不断突破,在求知的过程中形成的职业成就感。

和解力:跨专业就业面临的压力会更多,没有系统学习过小学语文教学,但拥有了跨学科教学视野,如何平衡两者,选取适合的方法提升自己。从教学教研中把握求同存异,这里的"异"指保持自身教学特点,不要盲目模仿。

健康力:跨专业执教,高学历低出口,难免会陷入职业倦怠。保持对职业的初心,拥有创新的教育教学方法,保持清醒的思维,能保持职业上的稳步发展。从教外国人跨行教小学生,从二语习得教学到母语教学,克服教学差异,善于听取他人意见,不断提升自己,保持乐观积极的心态。

研究力:体现在跨学科研究能力和思辨能力两方面。高学历带来的是专业能力优势,理论知识丰富,能快速吸收前沿理论成果,有利于教研教学。高学历教师对知识的敏锐力较强,多反思、多总结,能快速整合知识,提高自身教学水平。

职业认同——开启幸福之路

关于我的职业选择，我听到最多的是：你那么高的学历，"985"研究生，出来就做一个小学老师？拿的都是高中教师资格证，为何去教小学，不是浪费吗？面对这些质疑，一开始我也怀疑起来：是不是应该慎重，到高中去，才叫不浪费？或者去企业，闯出一片天？

但是，我每一次静下心来思考，从本身意愿和兴趣出发，结果都走向同一条道路——我只想做一名小学语文教师。尽管我的专业并非小学教育，尽管我学习的是二语习得……但我相信我可以做好，因为我更喜欢和小孩子交流，感受到他们的童真，让我觉得很快乐，我想做幼苗成长过程中的陪护者、引导者。我认为，小学老师和中学老师、大学老师一样重要，没有什么高低贵贱之分，本质上都是在教书育人；小学老师是最重要的引路人、奠基人，承担了更多的责任和辛劳，能够最大程度地影响孩子的一生。我想，我在选择职业的时候，我就深深认同和肯定这份职业。这也为后面的顺利就职打下良好的基础。

因此，在带一个班级之初，我会问孩子们："杨老师的职业选择有很多，可以教外国人，可以教初中生、高中生，还可以到职业中学去任教，但为什么我选择教小学呢？"看着孩子们疑问的目光，我笃定、微笑地回答："因为你们现在是拥有无限可能的时候，你们一切都是那么新，一切都是那么有希望，看着你们茁壮成长，小小年纪就能树立理想和志向，并为之付出不竭的努力，是我最开心的事。"教育要从娃娃抓起，我愿意接起义务教育的第一棒，给孩子们打下良好的知识和技能、认知与品行的基础。在他们懵懂的时候，有人耐心牵引，用自身所学正确引导，我相信会在他们未来长长的路上留下印记。孩子们虽然似懂非懂，但也记住了这个学历高、喜欢教他们的老师。

也正因为如此，我的学生充分感受到我的选择，尽管五年级孩子有可能不太明白我的深层含义，但他们会开心地将杨老师很喜欢教他们写到作文里，更会把我的学历自豪地跟家长分享，从而形成"首因效应"。孩子们对我有了一个好的初印象，我的班级管理和课堂教学顺畅起来。

创新管理——架起幸福之桥

在班级管理上，我主张大胆创新。从教三年，我带过两个班级，不同的班级实施不同的管法。

我正式成为一名小学老师后，已经提前知道了我要带的第一个班级是一群非常活泼好动的五年级孩子，我要当班主任。我非常恐慌，因为自己的性格不是那么强势，怕没办法管住。因此那段时间我各个社交 App 的常搜字眼都是："如何管理一个很活跃的班级？""孩子太闹腾班主任要怎么办？"甚至开学后的几个星期，我都是一板一眼，不轻易笑……没过多久，我被这群活泼的孩子逗得哭笑不得啊。

一群活泼好动的孩子，管理起来确实比较困难。在苦恼如何带班之时，我想起了我留学韩国时班主任跟我说的"PK"的神秘力量，我想着，要不就来场积分赛吧。要勇于借鉴和学习，当然也要根据自己所带班级的情况融合和创新。当时在小组团战和个人积分赛还纠结了一下。想到这个班的情况，"差距"有点大，我要是开展小组团赛，那势必有部分孩子不用"干活"就能领着积分，或者拖后腿而被嫌弃。于是我设置了"每周个人成长积分赛"简易版表格，从纪律、卫生、作业等方面进行项目设置，每个人都能达标，只要愿意踏出第一步。个人积分赛初期我没有设置成绩加分项，一切从零开始。后面积分制度成熟后，我便加上了成绩增项，获得"优秀奖"和"进步奖"均能加分，这样就避免了成绩优异的孩子的垄断状况。正式施行的时候，班级里引起了轰动，孩子们没有玩过积分赛，都跃跃欲试。况且积分赛和他们玩的小游戏差不多，这极大地调动了他们的积极性。一时间，我的作业收得齐，学生上课很积极，班里一派欣欣向荣。

但渐渐地，个人积分赛的作用开始消失……部分学困生慢慢被打回原形，积分奖励的魅力减弱了。每周获得积分赛胜利的变回那些班里的"常胜将军"。这时，我想起马卡连柯的"平行教育原则"，要用集体的力量去影响个人。我迅速改变策略，从个人积分赛改为团战，要求每一个成员都要付出，并采用当下最热门的某游戏的段位，给他们宣讲。就这样，小组之间团结协作，连带着纪律、卫生都好了不少，组员之间也结下了友谊，班级氛围好了不少。

不管个人赛还是团战，其实都只是班级管理输出的方式，我更希望他们在个人拼搏的时候学会不要放弃，团队作战的时候要共同努力、共同进步，让整个班级形成良好的向心力。

在带班的过程中，我适时调整小目标、小规定，保持学生的新鲜感。孩子们在我的熏陶下，良好的班风逐渐形成，慢慢会发奋图强了，也知道了团结的力量，班级足球赛得了第三名也很开心，这次没有考好下次就暗暗努力，而我也陪着他们一次次地进步。我从不认为他们比别人差，当他们回来看我的时候，我会很骄傲地介绍，这是我教过的学生。

在带班上我逐渐学会创造自己的特色。我很喜欢让学生在轻松的氛围下学习，课堂也讲究自主、探究，跟学生沟通也多采用情绪疗法，将心比心，所以学生一般都能听进去我的教育和劝导。我本身喜欢脱口秀、喜剧大会等语言类节目，知道我们班的孩子比较活泼，口语表达能力很强，我带他们跨进了脱口秀的大门。我在班上设置了每周一次的"班级脱口秀"，雷打不动，喜欢表现的孩子一周就忙着写稿练习，不爱表现的孩子就认真听，也会获得快乐。这是我和孩子们的约定，他们很喜欢，由此对语文感兴趣起来。甚至毕业了回来还跟我说："杨老师，现在这个班的孩子也有脱口秀吗？"我笑嘻嘻地回答："没有，这是你们的专利！"那个孩子满意地笑了。

其实不是不想在我带的第二个班级开展脱口秀，而是因为班情不同，要采取不同的方式。我带的第二个班级是"水滴班"，大部分孩子温和似水，整个班级的氛围温暖、和谐而内敛。我直接对第二个班级实施"团战"，开始了小组分配，在试行了一个学期后进行了相应的调整。由于这个班是四年级接手的，他们的小组在一年多的并肩作战后彼此都非常熟悉了，考试前组长还会给组员带一些糖果作为鼓励，同学之间的鼓励有时候比班主任的都管用呢。

为了更了解这帮内心细腻但不爱表现的小家伙，我可是费尽了心思。先是让小组认领"朋友圈"，他们轮流分享生活、学习上的趣事。后来跟同年级的老师学习，让他们写"心灵有约"，每天分享三句自己的心事。通过这样的方法，我知道了很多孩子的"小秘密"。这可是帮了我的大忙了，我可以不动声色地掌握班级实时动态，一有什么风吹草动，我立马闻风而动，就给解决了。还有关于生活上的小事，我看得也很开心，家里房子要装修啦、今天吃到了好吃的蛋糕啊、周末妈妈带她去哪里玩了啊……感受到他们的快乐和忧愁，我在下面给他们留言，别提有多浪漫了！

印象深刻的是，有一个文静的小姑娘和我说，最近和自己的好朋友感觉越走越远了，恰巧就是我们班另一个女孩儿。我一想，既然孩子都写给我看了，我可不能坐视不理啊，但又不能太过强硬，直接霸道地牵起她俩的手，这太尴尬了。我先是在"心灵有约"旁留言宽慰，并提出友谊的小问题，跟她当笔友聊了起来。接着找另一个女孩儿，拉过来聊了聊，原来她们是真的疏远了。我就以自己为例，告诉她女孩子之间的友谊多么美好，不要因为不主动就错过了一段真挚的友谊。经过聊天，这个女孩儿也明白了，觉得两人可能有什么误会。没过几天，我再次批阅"心灵有约"时，发现了那个一开始分享烦恼的姑娘写给我的感谢，说她们已经和好了。改完她的，我又改到了她的好朋友的"心灵有约"，没想到也是一封

"感谢信"。我很惊喜,看着她俩这样,我心里暖暖的。之后在班上总能看到她们一起玩,感情非常好,时不时在"约"上还秀起了她们的友谊呢!

当然也有很多吐槽:被换课了好突然,某某老师拖了三分钟堂,体育老师外出了他好伤心,下雨了不能出去踢球了……我会安慰两句。在这过程中,我变成了他们的知心姐姐,他们相信我,才会跟我说这些心里话。渐渐地我取得了他们的信任,赢得了他们的心,期末也取得了不错的成绩,最重要的是,他们是真的享受学习的时光,那我的目的也达到了。

在带班的三年中,我热衷于建设班级特色文化,还让有意义的中队名称一直传承。我希望我带的班级中队名称都是统一的,统一的中队名称将我带的每一届孩子的情感联结起来,代表了我对孩子们的期望。然后他们根据中队名称自己设计队徽、队服,根据中队名称去命名我们班级举办的一些活动,这极大地提高了班级凝聚力,孩子们更团结了,更注重集体荣誉感了。前段时间整理我带的班级成果,德、智、体、美、劳各方面硕果累累,原来我们有这么多的共同记忆,这也是他们的成长纪念册,得到了家长的一致支持,"这是有温度的教育"。

敢于钻研——勇敲幸福之门

工作之初,我想我没有系统学习小学教育的相关理论,有些底气不足。但我没有内耗自己,反而在思考时会从多角度出发,学会思辨,形成自己独有的跨专业优势。

《义务教育语文课程标准(2022年版)》探讨"跨学科学习",我想起曾经教过韩国学生,他们小学阶段一般是按照"topic"来学习的,每个"topic"都包含了韩语、英语、数学、社会、科学等内容,这不正是项目式学习吗?美国是项目式教学(Project Method)的发源地,近年来成为新课标改革的重要理论之一。本着对教学研究的热情，我深入挖掘了项目式教学的理论，恰逢学校有专家来开展关于项目式教学的讲座，我越发感兴趣起来。

正是因为有海外教学的经历，让我深知教之有法、教无定法，项目式教学能极大地提高学生学习的积极性，也能更大程度地提升学生综合运用知识的能力。未来的教育一定是走向融合的，而我拥有的跨学科视野，意味着我看待教育有更多的角度，能够更快地接受新理论新方法，思维更灵活。

在语文教学上，我主张更灵活的教学方式，希望培养学生运用语文的能力。我在日常的教学内容中精挑细选，融合项目式学习而展开了教学实验。我根据小学生的特征，以及现行班级学科教学的局限性，使用"微项目"进行教学。选取了一些可以实施的主题，如观察日记的习作单元，带着他们种了一个月的蘑菇和豆苗，轰动了家长群，孩子们不仅享受了种植的过程，还能亲口尝一尝自己劳动的成果，最重要的是，观察日记图文并茂，习作水到渠成。后来许多家长还自己去买了种子，在家里带着孩子继续开展种植活动。

发现了孩子们喜欢种植后，我们班上的植物不仅繁花似锦，更是各式各样：小野菊、含羞草、向日葵、吊兰、铜钱草等。他们带来自己喜欢的植物，养起来格外用心。颜值虽然不是特别高，但因为他们感兴趣，所以他们愿意去行动，这也提高了他们的观察能力和洞察力。

五年级第二学期，有一些孩子在学习上已经有了压力。看着班上的氛围，我想起最近网上很火的"拒绝蕉绿"活动，其实就是买未成熟的蕉用花瓶养熟。我给他们买了三大把绿蕉回来，他们兴奋地在蕉上面贴自己的名字，等待蕉"黄"的那天亲手"摘下"，吃掉"焦虑"。在这样的过程中，他们的压力得到了释放，又能吃又能玩，还能放松，一时间班上的阴云都消散了。我的微项目还带来了这样有趣的"售后"活动，这样独特有趣的方式得到了家长的好评。

其实在语文教学中，除了常规的教学，一般读书的任务我都是采用项目式活动进行的。我会先仔细钻研书本的体裁、背景、人物、情节等，选取可操作的地方设置一些有意思的活动，从而让孩子们乐读经典。例如，在读四大名著的时候，西游"妖魔榜"评选、取经路线我来画，给水浒英雄做人物卡片、创作新《桃园三结义》剧本等有趣的活动，让他们读得不那么枯燥，把名著的人物熟记于心。

这些项目式活动的举行，创造了轻松愉悦的学习氛围，融合了各学科的知识，不仅让孩子们爱上了学语文，也能真正地提升他们的语文核心素养和运用知识的能力。而将这些资料记录并整理成相关的论文，也让我获得了不少荣誉，如关于名著阅读的项目式学习论文获得了街道一等奖，关于种植的微项目活动案例获得了广东省可持续发展教育学会的特等奖……

从自己的跨学科视野出发，能够深入钻研新课标理论，并付诸实践，大大提高了我的教研能力，让自己走向卓越，努力提升自我，也让学生迸发出无穷的学习潜力。三年的小学语文教学，让我明白跨专业就业不可怕，可怕的是不愿意学习和钻研。

保持清醒——拂去倦怠之尘

我入职的第一学期没有拿到校"优秀班主任"。刚入职就给我一个超高难度的班级，我已经尽力了，结果不如意我也没有办法。但是，领导找我谈话，跟我分享了自己刚工作的经历：她事事亲力亲为，学生不认真搞卫生她就以身作则自己带着学生扫，在那以后班级的卫生是最好的。她跟我说，哪里有问题就补哪里，不要因为带了不好的班级就自我放弃。我很感激这位领导，让我工作半年就出现的懈怠感消失了。

在下学期，我铆足了劲，调整好心态，把我的管理方案细化，在带班过程中不断地更新，对孩子们的关注更多了。那段时间，我不是在班里蹲着，就是在跟学生沟通，课间都很少回办公室，细心关注每一个孩子的成长。闲暇时就在教室看着孩子们课间玩耍，因为他们太活跃了，同学之间容易引起矛盾，有问题我就马上沟通，或者看看有哪些孩子情绪不对，可以谈谈心。整个班级的孩子，我观察清楚，有什么情况我最先了解，立马解决。

这段努力研究学生的时间，我渐渐和孩子们产生了默契，带着他们一起进步，他们变得信赖我了，学习也更用功了。我在带班这条道路上逐渐"上头"。原来当班主任是这么辛苦，这么考验人的耐心。

第二学期期末时，我居然拿到了"优秀班主任"，并且任职的三年，除了第一学期，我每个学期都是"优秀班主任"。搭档老师经常夸我处理问题很及时，对孩子也很关注。这时我就会在想，我可能只是做了我该做的事情，这些事情可能处理多了是有点烦躁，但大部分时间是快乐的。在和孩子们的沟通中，我发现他们内心纯真，正确沟通，耐心引导，他们都会变成更好的人。教育是有温度的，成长是有力量的，我想起当初教小学的初衷，庆幸自己没有虚度时光。

结　语

经过三年的"跨"越，我觉得小学教学也没这么难，我虽然是跨专业的，但我"跨"得还挺成功，因为我在教学的过程中我感受到了幸福，这种幸福是通过自己的努力收获的，格外香甜。

最难得的是，我跨越了自己心中的那道门，从就业之初的迷茫，下定决心后的担忧，到努力管班的忙碌，与学生斗智斗勇的过程，都让我经验值不断飙升。我希望自己有丰富的精神世界和推陈出新的创新精神，更有说干就干的执行力，更要有把理想变为现实的智慧和勇气，给学生提供有价值的教育，让他们实现真正的成长、成才。在未来的教育教学中，我会继续保持热忱，跨越心灵的障碍，不断突破自我。我永远相信，当我想做好的时候，我一定能做好。

跨体制地行走

吴立国

广东省东莞市石排镇实验小学

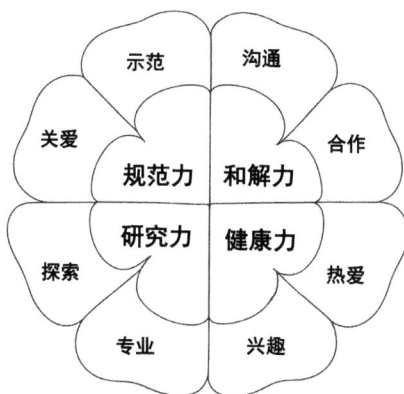

作为一名辗转于公办学校与民办学校的一线班主任，我对体制内外德育工作的特点和差异有一定的体会。如何在适应不同需求的情况下实现立德树人，助力教师与学生的幸福成长呢？基于我跨体制的工作经验与智慧，我对教师幸福力"四力"理解如下：

规范力：关爱涉及教师对学生的关心、理解和支持。教师能够根据学生的个体差异和发展需求，为他们提供正确的示范引领。教师要帮助学生树立正确的人生观、价值观和学习观。

和解力：沟通是教育过程中教师职业活动的关键，涉及与学生及家长的互动。沟通不仅是知识的传递，更是情感与思想的交流，能有效引导学生的自律和学习态度，同时强化家校联系，提升教育效能。教师、学生与家长的合作是学生健康成长的基础。

健康力：教师的自律能够为学生树立榜样，学生的自律则能够提升他们的学习效果和综合素质。热爱生活的教师，通常会关注自己的身心健康，也会传染给学生，从而培养学生的健康意识和健康习惯。

研究力：教师的专业成长是持续学习与创新的过程。这要教师不断地追求新知识，积极探索教育教学的新方法和新策略，要以专业的视角和创新思维，面对教育中的各种难题，提出独特的解决方案。

沟通的艺术：家校间信任桥梁的构建

2004年起，我从内地的乡村小学前往广东，相继在两家知名的民办学校任教。我印象深刻：校长们都极其重视家校沟通的重要性，明确指示我们每位教师需积极与家长保持密切联系，确保每月至少一次向每位学生的家长反馈孩子的学习与生活状况，电话、面对面会谈、线上平台、家访等都可以。

相较于我早年在公办学校的工作经历，沟通模式的转变尤为显著。我早年在公办学校时，尽管我们也会就孩子的情况与家长进行交流，但更多时候是在孩子遇到具体问题或挑战时，才会安排家长会面或家访，面对面沟通和家访成为主要手段。而今，随着科技的进步和教育理念的更新，家校沟通的方式多元而便捷，也更加注重日常性、预防性交流，共同为孩子的全面发展保驾护航。

在虎门外语学校，完成入职培训后，我满怀期待地迎来了自己将要负责的学生班级。初来乍到，对广东地区的家长文化及沟通习惯抱有种种未知与挑战，但我坚信，通过不懈地努力与持续地学习，定能找到有效的沟通方法。

我精心构思了一段信息，大致如下：

尊敬的家长朋友，您好！我是您孩子的语文老师兼班主任——吴立国老师。很高兴能够成为您孩子成长道路上的教育者与陪伴者，也成为和您一起教育孩子的合作者，渴望与您携手合作，共同为孩子的成长撑起一片天空。接下来我会按学号给班上的每一个孩子的家长做一次电话交流，了解孩子的特点，以便给孩子提供更好的教育。谢谢！

　　然后，我按照孩子学号的顺序，给每个家长打去了电话。我感受到广东家长的热情，感受到他们对孩子优质教育需求的期待，感受他们对我这个新接班的班主任老师的接纳。我详细了解了每个孩子的性格、喜好、特长、学习、注意事项等，做了详细的笔记。我也对在接下来的教育教学工作中，需要家长给予哪些方面的配合做了沟通，家长们欣然接受。这一次开学前的电话沟通取得圆满成功，还没有与家长相见，我已经让家长成为教育学生的合作对象，为我接下的教育教学工作中针对每个孩子的特点采用不同的措施，与家长建立良好的关系奠定了坚实的基础。

　　为了保证与家长紧密沟通，我制订了计划，每天按学号的顺序打电话或发信息联系3位家长，再加上根据当天孩子表现的实际情况至少联系2位家长，这样一个班40个孩子，不到两周我就可以与家长完成一次交流了，再加上周五下午放学时间，家长来接孩子当面交流，一个月下来，我就远远完成了学校一月至少有一次与家长交流孩子情况的要求。

　　主动与家长交流，要多反馈孩子身上的闪光点，多发现孩子进步的方面。反馈问题，要用委婉的方式，让家长听了愿意接受。

　　班上小筠成绩中等，平时学习需要在背后推着走，一旦督促不够，就会放飞自我。他的作业10次会有2—3次不能按时完成的。我发现他作业没有完成，就会打电话给他家长，我这样说："小筠妈妈，周末小筠的作业没有完成，是什么原因呢？我发现他最近在学习上有什么困难吧？咱们一起来想个什么方法来帮一帮他，好吗？"这样跟家长说，家长就觉得老师是真关心孩子，是真正帮助孩子解决学习上遇到的困难，就特别愿意配合老师了，老师怎么说他们就怎么做。

　　我工作的两所民办学校都是寄宿制学校，孩子周日晚上返校，周五回家，一周中，孩子与老师待在一起的时间远远超过与家长在一起的时间。老师不仅要关注孩子的学习，更要关心他们的生活与身心健康。

　　两个发生矛盾的孩子来到我的面前，我首先耐心地倾听他们的诉说，了解事情的来龙去脉。然后，我引导他们换位思考，理解对方的立场和感受，并再让他们思考，如果再发生矛盾了应该怎样做，最后他们握手言和。

在妥善解决孩子们之间的问题后，我主动拨通了两位孩子家长的电话，详尽地向他们说明了事情的原委，我采取的处理措施以及最终达成的积极结果。家长们听后，纷纷表达了对我的理解与支持，并流露出深深的感激之情。他们认为，作为老师，我展现出了对孩子无微不至的关怀，这样的处理方式不仅有效化解了孩子们之间的摩擦，更为宝贵的是，它成为孩子们学习人际交往、解决冲突的良好范例，对孩子的健康成长具有深远的意义。

每一次我与家长的耐心沟通，都是对孩子深切的关爱。家长的信任与支持，将他们转变为教育中的合作伙伴，这份合作关系赋予了我作为班主任持续前行的力量。在这条家校共育的道路上，每一次与家长的真切交流，都是我们共同见证孩子成长的宝贵时刻。这样的合作与见证，无疑是我作为一名教师，所能体验到的最深刻幸福感。

2023年，我重新踏入了公办学校的温馨怀抱。接新班，我还是从真诚的、走心的、彻底的沟通开始：精心撰写信息，发送给每位家长，以此作为我们交流的起点；遵循学号顺序，逐一拨通了每位孩子家长的电话，深入交流孩子的个性特点、学习状况及家长的教育期望与需求；坚持定期与家长们保持密切沟通，及时反馈孩子在校的表现与进步，同时耐心倾听家长们的意见与建议。这种积极主动的沟通方式，不仅加深了我对学生个性化发展的理解，也极大地促进了家校之间的信任与合作。

正是由于我对家校沟通的高度重视与不懈努力，我成功赢得了家长们充分的信任与支持。他们不仅在日常教育中给予了我全面配合，还积极参与学校组织的各项活动，共同为孩子们的成长营造良好的环境。这段跨体制回归公办学校的经历，让我深刻体会到家校合作的重要性，也更加坚定了我在教育道路上不断探索与前进的决心。

才能的火花：特长培养让少年更闪亮

在20世纪90年代，应试教育思想盛行，以考试分数论英雄。在这样的理念下，孩子的特长发展几乎被忽略掉。

在全面发展的教育理念指导下，我们越来越认识到，学生的成长不仅仅是学习成绩的提升，更是综合素质的全面发展。多元智能理论告诉我们，每个人都有多种智能，其中艺术才能的培养对于学生个性发展和创新能力的提升具有重要意义。

2013年，我来到顺德本真未来学校（原校名是顺德一中附小）。顺德本真未来学校是一所以培养学生"优秀+特长"为理念的民办学校，学校摆脱了只依考试分数来衡量学生的唯一标准，确立对学生"八大特长"进行培养。从多年的实践来看，这一理念指导下，培养出了一批又一批全面发展的学生。确实，我也认为学生不仅要学习成绩优秀，更要培养一些兴趣特长，特别是要有一些艺术特长。

2014年，学校要组建管弦乐团，面向全校学生招募队员，为了保证所选拔的学生符合乐团的要求，外聘的专家亲自到每个班选人，对选上的孩子发录取证书。这样的机会可说是千载难逢，被选上的孩子很高兴，大部分家长十分支持孩子进入乐团学习。

我们班也有几个孩子被选中了，其中小婷被选中为小号乐手，她非常开心，对进入乐团充满了期待，但是当孩子告知父母的时候，家长不乐意。当天晚上家长就给我打电话，表示要放弃，主要担心训练会影响到学习，家长对小婷的学习期望值很高。

小婷的学习成绩很优秀，对音乐也很热爱，只是家长一直重视她的文化成绩，不重视对她特长的培养。于是，我在电话里告诉他们，学习一门新的内容确实是需要付出更多的时间，我理解他们的担忧，接下来我在电话里告诉他们学习音乐、发展音乐特长的好处：

"知道你们对小婷的学习上有较高的要求，她文化课成绩很优秀，但是，她对音乐非常有兴趣，乐于进入乐团学习。只要安排得当，进入乐团学习不仅不会影响学习成绩，在乐团中取得的成绩更能树立她的自信心，有助力于她学习成绩提高呢。"

"进入乐团学习一门乐器，其实是一种很好的放松方式。孩子在学习之余，通过音乐可以得到适当的休息和调剂，这样有助于她保持良好的学习状态，反而可能提高学习效率。"

"音乐训练能够刺激和开发右脑，锻炼孩子的左右脑协调能力，在不知不觉中有助于提高孩子的逻辑思维和创造性思维的能力。这可是对她的文化课学习大有帮助啊。"

"你们最担心的是进入乐团，每天都有训练的任务，会耽误她的课堂学习时间。这一点尽管放心，乐团的训练时间都是安排在课余活动时间，完全不占用正常的上课时间的。"

"小婷她本人对音乐也非常热爱，音乐也是她的特长之一，正可以利用参加乐团的学习，让她的特长得到更好的锻炼。现代的教育不能只关注文化课的学习，综合素养的发展，特长的锻炼更重要，每一个孩子学习一些艺术特长，对他们全面发展是非常有益的。我们要充分相信小婷文化课的学习与特长的发展两方面都会互相促进，齐头并进的。"

家长听了我这么一说，欣然接受小婷参加管弦乐团。

在乐团的训练中，小婷特别用功，经常受到教练老师的表扬。在课间，能够经常看到她坐在座位上徒手模拟吹小号；在上晚自习之前，她都会拿出小号来练习；周末回到家里，完成了学习任务后，便拿出小号练习起来。很快，她由刚学时吹不响号子，到能够吹响，再由不成曲调到逐渐吹出优美的旋律。她的进步在乐团中是数一数二的，经常受到指导老师的表扬，自信心溢于言表。

自从参加了乐团后，小婷的学习成绩非但没有退步，反而进步了很多，让我十分欣慰。和小婷父母交流的时候，得知她在家里更主动学习，表现更加优秀，让父母一点也不操心了，不断地感谢我当初的劝说，让我提着的一颗心终于可以放下来了。

再后来，乐团对外展示，受邀到别的地方表演，参加各类比赛活动，得到了专家领导的高度评价。小婷每一次表演结束后，都会给我们讲他们的表演情况，满眼激动与自信。我相信，这就是音乐的力量，是音乐改变了她，也是音乐改变了她父母的教育观念。

让孩子接受一些艺术教育，在学生成长过程中是非常重要的。它不仅丰富了学生的精神世界，还促进了学生其他智能的发展，实现了学生全面而有个性的成长。作为教育工作者，我们应当继续深化对全面发展的理解，让每一个孩子都能在艺术的熏陶下，绽放出属于自己的光彩。

拖延的解药：三招告别"拖延症"

不论在公办学校，还是在民办学校，我接的班上总会有个别的孩子对待作业拖拖拉拉的。

2016年，我接了六年级一个新班，第一周孩子们觉得很有新鲜感，加上刚开学给孩子们适应的时间，作业的量降到了最少，每天晚自习可以很快做完，后面的时间就是孩子们阅读课外书、预习等自由支配学习内容。从第二周开始，作业量正常了，再加上开学的新鲜感消失，班上有几个孩子出现了晚自习时间不能完成当天作业的现象。为了帮助拖拉的孩子能够按时完成作业，我采用了很多的办法，包括开班会、分小组督促、单独谈心、与家长沟通、完成作业可以单独获得奖励等。实践下来，发现以下三招效果不错。

一是把孩子单独集中起来开个会，告诉他们，在成年人中，每一项工作都有按时完成的截止时间，必须在截止时间内高质量地完成才可以。我指出他们在完成作业方面存在的问题，告诉他们，作业是学生必须完成的任务，我想让他们从小就养成按时完成工作的好习惯。我帮他们制订作业计划，合理安排晚自习的学习时间。每一项作业自己设定多长时间完成，自己把握不好时间，可以请小组同学帮忙。当天晚自习时间完成了作业，自己前往作业进度条上涂色，让他们体验成就感。当然，如果谁没有完成作业，周五放学时要留堂，完成了作业后才可以由家长接回。制订作业完成计划，是给了他们充分的学习自主权，请同学帮忙培养了他们的合作精神，而不完成周五放学留堂给了自控力差的他们压力。

二是制作了一条大大的作业记录横幅，上面写着"全班同学连续完成作业＿＿＿天"，贴在教室后面的宣传板上，记录着全班学生连续完成作业的天数。每天检查完作业后，我都会去修改天数。孩子们每天很期待看到上面的数字发生变化，他们觉得很好玩，又有挑战性，很刺激。连续完成一周，周五放学我悄悄地把几个有"拖延症"的孩子叫到走廊上，表扬他们："这一周你们都按时完成了作业，你们很棒，这也说明，你们每一个人都可以做到按时完成作业的，你们也为自己赢得了荣誉，也赢得了老师和同学们对你们的佩服与信任。为你们的进步，老师奖励你们每个人一支水笔。如果你们下周还能继续做到的话，老师周五的时候会在全班表扬你们，并奖励你们两支水笔，希望你们再接再厉！"孩子们得了表扬，脸上笑开了花。看着他们的笑脸，我很期待他们下周的表现。到了下一周，他们果然又做到了。就这样每周五进行一次完成作业的情况评价，极大地激发了学生完成作业的积极性，全班同学连续完成作业最长的创下了45天的纪录。

三是充分利用孩子之间给予的压力。不论是孩子还是大人，其实在集体中都很在乎他人对自己的评价的，人总是要面子的嘛。可以想象一下，某个孩子因为没有按时完成作业，全班不得不跟着回到"全班同学连续完成作业0天"，这将会在班里引起多大的震动，其他同学会怎么埋怨他，他的内心得承受多大的压力呀！有一次，班上最调皮的小韦没有完成作业，让全班同学连续完成作业45天返回到0天，可是他还表现出满不在乎的样子。他还太年轻，没有尝到来自同学们施加的压力啊！看看同学们对他的施加的压力吧：当我读出小韦没有完成昨天的作业，并把连续完成作业的天数改成"0"，全班同学立刻愤怒地瞪着他，一句句责备的话语喷涌而来，小韦哪里面对过这样群起而攻之的场面，马上满面赤红，眼泪直在眼眶里打转，把头直低到桌子下面，恨不得找个地缝钻进去。当天的课间，我观察到他，除了上厕所，就只坐在座位上补昨天晚上的作业，直到作业补完。下午的时候，我怕他有心理阴影，单独找他谈话，并让他说说对今天事情的想法。他难过地说："昨天晚上的作业没有完成，是作业本一时找不到了，等找到了，所剩时间已经不够完成作业的了。但是不管什么原因，没有完成作业是不对的，害得大家连续完成作业的天数从0开始，就更不对了。同学们埋怨我、批评我，我不会怪同学们。我保证，以后会认真完成当天的作业，决不拖同学们的后腿。"

2023年，我重返公办学校的讲台后，发现有"拖延症"的孩子比民办学校要多。了解情况后得知，孩子的家长一方面对怎样教育孩子缺乏一定的方法，另一方面他们工作很忙，白天上班，晚上还要加班，等到回到家里，孩子已经睡觉了，没有充分的时间督促孩子的学习。小学生的自控能力比较弱，他们独自在家里时往往比较散漫，久而久之，拖拉的毛病出现了。我继续运用三大招，每招都精准施策，效果显著。尽管全班连续完成作业的天数尚未突破45天的纪录，"0天"的起点时有重来，但在这细微的数字波动背后，我敏锐地捕捉到孩子们作业拖延行为逐渐减少的趋势。

秩序的重塑：路队纪律在民办学校的蜕变之旅

民办学校学生上异地课、用餐、午休结束回教室等都是要排队的。排队是对学生很好的德育教育，通过排队可以保证学生的安全，队排得好不好可以看出一个班的班风好不好。

2006年9月的新学期，我新接了一个班。德育主任告诉我，这个班的孩子很活跃，每个孩子都有自己的想法，他们的行为规范要多下点功夫。

开学第一天要排队到礼堂参加开学典礼，我提醒孩子们快速收拾好各自物品，排队参加开学典礼。教室里一下喧闹起来，他们一边讲着话一边动起来，可就是没见多少学生快速到教室门口排队。我再次提醒学生，但是听到要求而立刻出去排队的依然没有多少人，大部分学生依旧在教室里三五成群地尽情畅谈。最后在我多次催促之下，终于排成了队，嘻嘻哈哈地成为全年级最后到礼堂的班级。

第一天的排队让我触动很大：学生这么不重视排队，是他们缺乏行为规范意识，集体荣誉感缺失的现状必须改变。怎么改变？那就从排路队开始整顿吧。

开学典礼结束，返回教室后，开了个班会，指出排路队存在的问题，以及学校要求排路队的目的与意义，提出我们排路队必须快、静、齐，然后就进行训练。

我一声令下："排队并保持5分钟静立！"学生们起身推进椅子，走出教室排队。虽然排队了，但是依然松松垮垮、叽叽喳喳，没把开会时提出的排队要求完全落实。

看到这情况，我重复要求提高音量强调，排队必须做到快速、整齐，除了路队长喊口令和回应口令，路队前进中与相遇的老师打招呼外，没有一点声音，只要有谁说一句话，所有人就要多站一分钟。这时，有两个女生嘀咕了两句，我说："要多站两分钟了。"一个男生嚷道："就不能闭嘴吗？喜欢多站，排队练习结束了你们自己站就是了！"我听了说："表扬你很有正义感，但是，这个时候除了路队长才有权力讲话。再多站一分钟。"

这个时候他们意识到我对排队提出的要求是认真的，每个人不再讲话。8分钟到了，我宣布第一次静立排队训练结束，他们都长长地舒了一口气，看得出来，他们之前真的没有这样排过队。

回到教室里，我对第一次静立排队进行了小结，表扬了他们的进步和毅力，希望他们能够再接再厉，每次都能排出快、静、齐的队伍。特别表扬了那个有正义感的男生，并任命他也为路队长，参与班级路队的管理工作。

接下来就快要到吃饭时间了，第一次严格要求排队进餐厅，担心路队行进过程中出现违反要求的现象，我特别提前了3分钟排队，要求路队行进中有讲话或路队松松垮垮的就要回到教室门口，重新排队。

一声"排队"，孩子们快速整理好物品，到门口排好队，响亮的口令过后路队立刻安静下来。路队长一声"出发"，路队整齐地行进在走廊上，拐过墙角下楼梯了，第一层还好，下到下一层时，可能是一个孩子走慢了，后面的孩子贴到前一个孩子身上，前一个孩子不乐意了："别挤！"后一个孩子说："我没挤。"我说："停下，请大家返回教室门口，重新排好队再走。"

就这样反复几次，路队终于安静、整齐地到了餐厅，在前往餐厅的过程中，遇到了德育副校长，她看到我们班开学第一天队伍排得这么整齐，行进中这样安静，非常惊讶。她拿出手机拍了一张照片，发到了学校的群里，表扬了我们班的变化。下午在当天总结的时候，我重点总结了我们路队的表现，特别把副校长发在群里的照片和表扬我们的话给孩子们看，从他们的目光中让我看到了因为被表扬而惊喜和骄傲。

再后来，路队越来越不用我操心了，哪怕是异地上课没有老师送路队，在路队长的组织下也能够安安静静、整整齐齐地前往上课地点。有一次还被同办公室的老师拍到了没有老师带队整齐前往上课地点的视频，发在班主任群里，也就是从这次开始，学校领导要求，只要学生能够自主管理好路队，异地上课，老师可以不用亲自送路队到上课地点。

或许有人说，对孩子排队要求这么高，太严格了。但是我认为，整齐、安静地排好路队，这是他们可以做到的，更是教育他们遵守规则的很好的教育机会。也许你可能也认为，孩子们被要求不准发出声音、遵守规则、保持良好的秩序，他们会反感的，但事实是他们良好的表现被得到认可与表扬后，他们的集体荣誉感被激发出来，更喜欢遵守秩序，从而形成良好的行为规范。

适度地放手：做个放风筝的班主任

班主任工作既是专业性强的工作，又是一门艺术。做好班主任工作，其中有一个重要的思想，就是要"思变"。与公办学校相比，民办学校的工作要求高，工作量大。随着对教育的要求越来越高，学校事情越来越多，班主任就像一个无事不管的妈，事事都要跟进，必须做到学校满意，家长也满意，压力也就越来越大了，最后把自己累得不行，教学工作不得不经常靠加班来完成。长时间这样管理班级，让我认识到，班主任如果管得过多过死，就会在班上创造出一大批依赖性强而创造性和独立性差的班级干部。我萌发了探索建设一支优秀的班级干部队伍的想法，让学生学会自主管理，把我解放出来。管理班级就像惬意地放放风筝，这才是艺术性地开展班主任工作。

多年前接过的一个班级是我转变班主任工作思路的重要节点。这个班当时是六年级了，学生自我管理能力的不足，班级没有建立有效的激励机制，没有建立明确的规章制度，或者已有的规章制度没有得到有效执行，学生不清楚自己的行为界限和责任。面对这样的状况，若要有效地管理这个班级,我首先需要打造一支杰出的班干部团队,使班干部成为班主任管理班级的可靠帮手,而我扮演引导和支持的角色,如同掌控风筝线的人。

措施一:选好"风筝线"。

他们已经六年级了,本可以采用竞选方式来确定班干部,但面对这个班级的情况,我决定逐步任命班级干部,就是要让学生感受到自己通过努力提升了自己才可以当上班干部,只有来之不易的班干部,他们才会珍惜,也才会认真履职。

新学期开始了,我大约用一周的时间,像其他班主任一样先制订班规,督促学生遵守班规等。但这一周中,我重点工作是观察班上每个学生的特点,发现班中哪些孩子具有很强的领导力,在全班中威信高且有正能量,最能担当重任,这些孩子会成为首批被任命的班干部。

为了调动学生争当班干部的积极性,我在第一次班会课上郑重地提出即将任命的班干部要具备以下几点:

①胆量要大(这是首要的一条),要敢于管理班级,对班上出现的不好的现象,对犯错的同学要敢于批评指正,也要对表现好的同学及时提出表扬。

②要能以身作则,能够成为同学们的榜样。

③成绩可以不是最好的,但是不能差,至少要是中上等。

④有领袖气质,但不同流合污。

在第二周的班会课上,我隆重地召开骨干班干部任命会,表扬被任命的学生身上的优点,颁发任命证书。被任命为班干部的孩子这个时候是非常自豪的。

任命完班级骨干班干部后,我就交给他们要每人组建自己的工作团队,名单提交上来,我就让他陈述挑选成员的理由,和他一起分析成员是否合适,不合适可以怎样调整;合适了,就引导骨干班干部怎样开会,怎样分工合作。

实践证明,给了学生选拔班干部的标准,学生是知道挑选什么样的同学组建队伍的。经过民主又集中后的班干部队伍，在班级中有着积极的影响力，为后面他们可以高质量开展工作打下了坚实的基础。

措施二：创造更多"风筝"，拓展"风筝"队伍。

在固定的班干部团队之外，我推行了值日班长轮换制度，让每个孩子都有机会在担任值日班长期间锻炼自己的领导才能。通常经过三周的时间，每个学生都能体验一次值日班长的工作。通过参与班级管理，学生们不仅能够认识到班级存在的问题，还能够自我监督，这对提升班风产生了显著的效果。

值日班长团队当天晚上要对当天的情况进行总结，表扬表现好的，对表现不好的提出改正建议。

通过任命骨干班级干部和骨干班干部组建了工作团队，再加上值日班长团队，班上表现尚好的学生都当上了班干部，他们是很自豪的。少数没有被选上的学生，看到身边的小伙伴都能当上小干部，内心一方面很羡慕，另一方面是蠢蠢欲动的，不由自主地也会检视自己的表现是不是符合老师任命班干部的4个条件。这样的学生，我也不能让他们觉得自己没有机会当上班干部，如果是没有希望了，他们就会从蠢蠢欲动到躺平。我不给他们躺平的机会，时不时很神秘地告诉他们，班级还有神秘的岗位需要人来做，接下来就看谁表现得好谁就能得到我亲自任命的神秘岗位，给他们希望。比如有一段时间，教室里面卫生保持非常好，但是走廊时不时会有垃圾，老是因此被扣分。我一下任命了3个孩子做走廊的廊长（带个"长"，学生就会觉得是个"官"），告诉他们每个课间都要检查一次，发现有垃圾及时打扫，同时观察垃圾是怎样来的。我只要发现他们一打扫垃圾，就马上表扬他们，还上课前当着全班同学的面表扬他们。他们被表扬了，激情一下被调动起来，对待自己的工作更认真负责，从此走廊上再也没有见到被扔掉的垃圾。

措施三：教好"风筝"放飞技巧。

班干部团队已经组建，接下来的重点是培养他们的能力。培训班干部的方式有很多种：集体培训、一对一培训等。集体培训包括集中班干部一起培训，也有利用班会课对全班学生一起培训，指导他们明确岗位职责，怎样管理自己，在自己的岗位上如何才能做得更好等。利用班会课进行班干部培训是我做得最多的，我认为这样很有好处：不仅现有的班干部知道怎么做班干部，也让其他学生知道他们当了班干部会怎么做，他们会不自觉地对照这样的标准约束自己的言行，以后轮到他们做别的岗位的班干部时，他们知道怎么做，减少我对他们的培训工作量。班干部在工作中遇到问题时，我会与他们进行一对一的交流，及时纠正错误。一旦他们在工作中取得成绩，我会在全班面前大力表扬，给予他们积极的鼓励和引导。

经过大约半个学期，孩子们都知道自己应怎么开展工作，知道每个班干部之间要怎样配合等；我这个班主任老师就可以退到幕后了，每天就是观察他们怎样开展工作，偶尔拽动手中的风筝线，做适当提醒，班里的日常方面几乎不用我这个班主任操心了。

措施四：掌控"风筝"高度。

班级文化是班级所有人共同的追求，是共同的精神面貌。它不仅提升了学生的审美水平，还指引了学生正确的价值观方向，使学生拥有了共同的精神家园。

我带领孩子一起提炼班级精神、取班名、绘班徽、确立班级口号、班级装饰等。通过班级文化的建设，可以培养出更加和谐、有序、充满活力的班级氛围，为学生的健康成长提供良好的环境。

班级文化是要在活动中深入每个学生心中的，要通过活动凝聚人心，建设一个优秀的班集体，所以，要尽量多搞班级活动。除了参加学校搞的大型活动，班级里可以因势利导地开展一些小活动：开展读书交流会、个人物品整理比赛、拔河比赛、演讲比赛、辩论赛等等。特别是辩论赛，可以就班上一些不好的现象展开辩论，一辩论，学生就知道孰是孰非了，比老师说教管用。每组织一次活动，班级凝聚力就得一次提升。

明确班干部选拔标准、创造更多班干部角色以及加强班干部培训，成功地构建了学生自主管理的带班体系。这一体系操作不仅激发了学生的积极性，增强了班级凝聚力，还为每个孩子提供了锻炼自我、提升领导力的机会。在这个过程中，班主任的角色由直接管理者转变为引导者和支持者，让学生在自我管理中成长，为班级的和谐发展和学生的全面进步奠定了坚实的基础。实践证明，这样的班级管理策略是有效的。

结　语

2004年和2023年，这两个年份是我职业生涯中重要的节点。

2004年，我从苏北的一所乡村小学辞职，来到了千里之外的广东，进入了虎门外语学校工作。我在虎门外语学校的8年学到了很多之前在老家工作中学不到的教育教学技能。2013年，我来到了顺德本真未来学校，在这里工作了整整10年，成为一名成熟的教师。我非常感谢在民办学校工作的岁月，这是我一生难得的宝贵财富。

2023年8月，我再次回到了公办学校，开启了我职业生涯的新征程。为了适应新的环境，我在自己以往经验的基础上做了许多新的调整和尝试，很快找到了与之相匹配的工作节奏。

在教育不同体制的学校间转换，使我深刻认识到，要成为一名合格的班主任，教育好学生，首先需要持续保持对教师职业的热爱，用热爱作为内在驱动力，不断提升专业能力。同时，在教育教学过程中，不断探索班主任工作的有效方法，通过亲身示范，引领学生养成规范的言行举止，培养学生学会合作的能力，激发他们的学习兴趣，并助力他们实现宏伟的理想。作为一名教师，看着学生成长，内心的幸福感如同春日暖阳，自然而然地弥漫开来。

岁月如歌，征途漫漫。体制内外，初心恒在。

参考文献

［1］本书编委会.中小学德育工作指南实施手册［M］.北京:教育科学出版社,2017.

［2］陈琴,华一欣.经典即人生:文字是修正灵魂的良药［M］.北京:中华书局,2011.

［3］迟毓凯.学生管理的心理学智慧［M］.2版.上海:华东师范大学出版社,2020.

［4］达娜·萨斯金德,贝丝·萨斯金德,莱斯利·勒万特—萨斯金德.父母的语言:3000万词汇塑造更强大的学习型大脑［M］.任忆,译.北京:机械工业出版社,2017.

［5］费伦猛.如何做小课题研究［M］.广州:中山大学出版社,2018.

［6］弗莱雷.被压迫者教育学［M］.顾建新,赵友华,何曙荣,译;徐辉,审校.上海:华东师范大学出版社,2014.

［7］管建刚.一线带班［M］.福州:福建教育出版社,2018.

［8］郭元祥.教师的20项修炼［M］.上海:华东师范大学出版社,2008.

[9]洪兰.教育成就未来[M].杭州:浙江大学出版社,2017.

[10]怀特海.教育的目的[M].庄莲平,王立中,译.上海:文汇出版社,2012.

[11]黄河清.家校合作导论[M].上海:华东师范大学出版社,2008.

[12]简·尼尔森.正面管教[M].玉冰,译;刘力,译校.北京:北京联合出版公司,2016.

[13]江锋.新班主任带班常见问题与解决策略[M].长春:吉林大学出版社,2010.

[14]李斌.在学校,我们怎样做中层[M].北京:光明日报出版社,2022.

[15]李镇西.重读苏霍姆林斯基[M].南京:江苏凤凰科学技术出版社,2021.

[16]马丁·塞利格曼.认识自己,接纳自己[M].杭州:浙江教育出版社,2020.

[17]秦望.手把手教你建设班主任工作室[M].福州:福建教育出版社,2019.

[18]任勇.优秀教师悄悄在做的那些事儿[M].上海:华东师范大学出版社,2015.

[19]苏霍姆林斯基.给教师的建议[M].周蕖,王义高,刘启娴,董友,张德广,译;申强,校.武汉:长江文艺出版社,2018.

[20]泰勒·本—沙哈尔.幸福的要素[M].倪子君,译.北京:中信出版社,2022.

[21]陶行知.陶行知散文精选[M].济南:泰山出版社,2023.

[22]托德·威特克尔,杰弗里·佐尔.如何当好一名学校中层:快速提升中层能力、成就优秀学校的31个高效策略[M].刘媛儒,黄晓玉,译.北京:中国青年出版社,2017.

[23]王道俊,郭文安.教育学[M].北京:人民教育出版社,2009.

[24]王金战,郭铭.中国英才家庭造[M].武汉:长江文艺出版社,2008.

[25]王薇华.心理健康法则:积极心理学改善心理健康[M].北京:中国物资出版社,2010.

[26]王薇华.幸福法则:美德与力量的积极心理学[M].北京:中国物资出版社,2009.

[27]王薇华.幸福力:幸福心理的七堂必修课[M].北京:中国物资出版社,2011.

[28]王薇华.幸福力教育:积极心理学的20节课[M].北京:清华大学出版社,2023.

[29]魏书生.班主任工作漫谈[M].北京:文化艺术出版社,2011.

[30]吴小霞.班主任微创意:59招让班级管理脑洞大开[M].上海:华东师范大学出版社,2018.

[31]徐学红,杭伟,安晓兵.学生自主建构学习中"问题支架"应用的实践笔记[M].青岛:中国海洋大学出版社,2021.

[32]于春祥.发现高效课堂密码:全新升级版[M].济南:山东文艺出版社,2016.

[33]郑英.教育,向美而生[M].北京:中国人民大学出版社,2019.

[34]中华人民共和国家庭教育促进法[M].北京:人民出版社,2021.

[35]中华人民共和国教育部.义务教育语文课程标准:2022年版[M].北京:北京师范大学出版社,2022.

[36]朱永新.过一种幸福完整的教育生活[M].济南:山东友谊出版社,2014.

[37]朱永新.我的教育理想[M].北京:文化艺术出版社,2011.

[38]朱永新.致教师[M].武汉:长江文艺出版社,2021.

后 记

向内的力量
温暖而明亮

感谢广东省中小学"百千万人才培养工程"小学名班主任培养项目，我十分幸运地成为一名学员，从2021年到2023年，3年的培养，让我看到了教育的美丽。聆听德育专家的报告，了解现代教育的发展趋势和先进的理念，视野拓宽。在导师的引领下，多元研修，开辟"磨砺"之路。

我参加了集中脱产研修阶段、岗位实践行动阶段、岗位协同交流阶段、示范引领帮扶阶段等不同形式的研修，增强教育能力，做到学用结合，立足于小学班主任工作，积极完成培养项目布置的各项工作，做到有所思、有所想、有所为，实现自我超越。

同时以省名班主任目标加快自身的成长，向科研型班主任发展，完成省级课题研究，具有示范辐射推广成果的能力。组建工作室团队，在工作室导师引领下，与同行的伙伴们创建"事业"，第一次开设了公众号，第一次开腾讯会议，第一次写书，等等，展示集体智慧和个人教育理念，做到思想上引领、实践中指导。主动担当起管理育人、改革创新的使命，为推动本地区域班主任队伍建设起到一定的促进作用。

三年的求索，赋予了我内心深处的信念与追求，做一个懂教育的老师、懂学生的老师，做一个身心健康的、快乐的、幸福的老师。

在当今这个科技飞速发展、人工智能日新月异的时代，教育的外在条件得到了前所未有的丰富。然而，一句"当代的教育，不缺物质，缺的是向内的力量"的话引起我思考，却又像一盏明灯，照亮了教育领域中一个长久被忽视的却至关重要的维度——教育中的情感与心理健康。教育者开始重视培养师生的情感智能和心理健康，让每一个人都能在温暖和光明的内心世界中，找到自我成长的无限可能，成为不仅知识丰富，而且情感健康、心理强大、充满爱心和责任感的人。

教师作为教育的引导者，向内的力量，前提是"知识"及其外在的世界，都要与人，与教育的对象"学生"，有深刻关联（身体实现关联、心灵建立关系、配送价值观、提升情绪值）。其向内力量的强弱不仅影响教师的职业幸福感，更直接关系到学生的情感健康和学习成效。

第一，向内的力量，是自我认知、察觉生命意识的能力。

自我认知是向内的力量的起点，它关乎个人对自我本质的深刻理解，包括个人的兴趣、优势、价值观、情感需求和内在动机。

2023年南京行，是我一次深刻的自我觉醒之旅。南京师范大学齐学红教授提出，教师应学会教育觉察，察觉生命的状态，初心就是成就学生，发展自己。现实生活中比较多的老师每天工作脚不沾地，一地鸡毛，生命在一点点消耗，却没有留下痕迹。生命诚可贵，时间很匆忙，学生和老师都应该有规划，要为自己留痕，察觉生命的状态。随着齐教授的指引，我不断进行内心的追问：时间都去哪里了？何曾留下柔丝般的痕迹呢？因此，我不断地利用碎片时间整合工作，关注自己生命的状态，即使一地鸡毛，也要把它扎成"鸡毛掸子"，以积极的心态面对生活与工作的挑战。

江苏省教育学会名誉会长、特级教师杨九俊提出，在4个领域中实践教师价值，寻找幸福心流：在精神生活领域，一个幸福的教师不仅仅是教书育人，更是要把自己融进学生和他们的生活中，在与学生互动中让他们感受到我们的关爱和教育的价值；在个人生活领域，教育是一种艺术，我们必须热爱教育、用心呵护，给学生留下精彩而难忘的记忆；在职业生活领域，教师需要高质量、高品位的课堂设计，用召唤、自主、丰实的方式吸引学生参与，引导他们探究自主学习的习惯；在公共生活领域，教师不仅仅要关注自己的教学工作，更要关注学校文化建设，用自身的价值和成就为师生们带来更多的幸福和动力。

专家们的每一字、每一句，带着我重温了一遍我的教育生活，让我有了更多的思考："写作是唯一在你和不可能之间"，坚持写作，写"好"的成文，写"不好"的成例，寻找属于自己的句子；"做研究型的班主任"，寻找班主任研究的创新点，把班级每天发生的事情变成研究资源；用专业的态度眼光对待日常工作，记录班级生活史，把问题事件变为研究课题，享受酣畅淋漓的思维过程，拥有深刻的教育理解，走向高质量的教育教学生活。

第二，向内力量，是专业反思、课程研制的创新能力。

通过持续的专业发展与自我反思，教师可以不断提升课程研制的能力，根据学生的特点与社会的需求，不断调整教学内容，创新教学方法，使课程更加贴近学生的生活，激发学生的学习兴趣与内在动力。

班主任的核心使命在于培育班级文化。班级文化建构要落地，必须与课程研制关联起来，让课程成为落实班级文化的重要抓手，将班级活动序列化、系统化。例如，我紧跟时代要求，研究学生的需求，以"立德树人"为核心，进行小学生"三立"（立品、立志、立行）的德育实践教育，打造了一个体系完整、内容丰富的班本课程，将中华优秀传统文化融入小学班本课程，发挥其独特的育人价值。有了这个课程，我们教室的空间富有了生命的气息和生长的意义，从而打造班级崇德向善、立鸿鹄志、知行合一的班级文化，构建内生性班级文化，以文强德。

教育的外因必须通过内因才能起作用。人工智能再发达，永远不可能完全取代教师的作用，因为教师以自己的情感和人格魅力与学生建立抵达心灵的关系，如果学生打心眼儿里喜欢老师、喜欢学习，那说明教育确实有了向内的力量，外在的教育问题可能会迎刃而解。基于班级活动中培养小学生幸福力的探索过程，我总结了一套独具特色的教育策略：常规活动创新化，延伸时间空间至教育最大化；班会活动赋能化，知学生所需给学生所要；文化活动系列化，构建班级文化，以文强德。我还开展"一力三探究"：一探究活动中幸福力对促进学生社交技能的发展，提高学生的沟通、协作和共情能力；二探究活动中幸福力对创建积极向上、温暖的班级环境，优化爱与关怀的学习环境，激发学生潜能，帮助学生进步，或者集体转变；三探究活动中学校、家庭和社会的协同合作，共同推进学生幸福力、教师幸福力、家长幸福力的培养，形成教育合力的育人场景。

第三，向内的力量，是情感智能、家校关系的构建能力。

好关系，才能有好教育。不仅仅是我们常说的师生关系、家校关系、同事关系，还有我们容易忽略的教师跟工作的关系、教师跟家庭的关系等。《中华人民共和国家庭教育促进法》颁布，意味着家事上升为国事，教师要参与家庭教育指导。教师做家庭教育指导服务，是新的职业能力发展要求，是教育的公共服务拓展，是一种专业指导与支持。

在教育实践中，情感智能不仅体现在对学生的关怀上，更体现在与家长的沟通中。教师要能够理解与表达情感，用同理心去倾听，用鼓励与支持去回应。在日常工作中，"孩子投诉，反馈情况"，我们要引导学生自己解决："你会怎么解决？你会怎么做？同学怎么做？你觉得怎样做合适？"在班级群里，平常多联系，除了学生学习成绩，还有其他美好的事情要联系。开家长会，教师要赢得信心。要做个会讲故事的班主任，当家长欣赏你、肯定你，自然对你带班有信心。即使是最大的难题，"先解决心情，再处理事情，谈行为，不谈品性"，"我知道家长是为解决事情而来的，并不是针对老师来的"，这样把矛盾聚焦在事件上，而不是人。教师通过积极倾听、共情与有效反馈，建立与家长之间的信任与合作，共同为孩子的成长创造一个支持性的环境。这种基于情感智能的教育方式，不仅能够促进学生的情感发展，还能够增强教师积极的情感、积极的态度。

教师，不仅建设学校，更要建设家园。随着学习方式的多样化与迭代，我们必须摒弃固有的教育模式，转向"多代互学"的视角，重构家庭教育，建立绿色关系。例如：向中医爷爷学习，带奶奶坐地铁，向妈妈学厨，教妈妈AI，爸爸向爷爷学太极，爷爷向妈妈学做甜品，等等，让每一代人都能在这个多元的学习过程中找到自身的价值，促进孩子与长辈之间生活和谐匹配。可以运用"三定二度"策略："定主题、定时间、定地点"开展互学，然后从变化度、满意度看到成效。这样的转变，有助于家庭关系的和谐，更能营造出积极乐观、厚德载物的家庭氛围，让每个人都能深切地感受到家庭带来的温暖与幸福。

第四，向内的力量，是心理韧性、提升师生幸福的能力。

人生旅途中，每个人都会遇到风雨与挑战。面对逆境，有的人能够迅速反弹，有的人可能深陷其中。这种面对困难时的恢复力和适应力，被称为心理韧性，源自个人的内在信念、情感资源和应对策略。对于师生而言，培养心理韧性不仅是应对生活挑战的关键，更是提升幸福感、实现个人成长的重要途径。

教育在活动中发生。我的带班主张是活动育人。我开展班级活动，培养小学生的幸福力，包括情感力、分享力、行动力、健康力等。这些能力有助于孩子们形成积极的人生态度，发展必要的社会技能，并为他们未来的学习和生活打下坚实的基础。我将最美的笑容、最美的声音、最美的眼光带进教室里，创建一个有温度的教室，让学生在学校有安全感，被尊重，被认可，被鼓励，学生将长处变特长，人人担任班干部，把每个个体向好的内心唤醒出来，让每个个体的潜能得到好的激发和开掘，尽可能成为最好的自己，进行小组合作，发挥每个学生在学习共同体当中的作用。2023年，我获得市级"最美的班主任"称号。

我读懂了学生，理解学生，支持学生，秉承了这样的理念：有余力的学生会体验帮助别人的愉悦，学困生会感受到团队共进的温暖。不同程度、不同处境，都有成长的获得感。班级里读书读得好的同学有成就感；读得不太好的，有快乐的体验感；读不进去的，也能有安全感，能被尊重。学生打心眼儿里喜欢老师、喜欢学习，就拥有一种向内的力量，感受幸福的能力。

新时代提出做"四有好老师""时代大先生"，不仅要求教师具备深厚的专业素养，更强调教师应具备强大的心理韧性与追求幸福的能力。我开始关注幸福力教育，习得"幸福四力"：规范力，教师应具备良好的职业规范与行为准则，用高标准要求自己，提升职业的专业性与权威性；和解力，是指教师应具备化解冲突、促进和谐的能力，无论是与学生、家长还是与同事之间的关系，都能以平和的心态，寻找解决问题的最佳方案；健康力，则强调教师应注重身心健康，保持良好的生活习惯，用健康的身体与心态，面对教育工作的挑战；研究力，要求教师不断学习，持续研究，用科研的态度对待教育工作，提升教育的科学性与创新性。

第五，向内的力量，是回馈社会、担当使命的践行能力。

教育的终极目标是培养具有社会责任感的公民。教师通过参与社区服务、公益项目等，不仅能够提升学生的社会参与意识，也能在社会中传播正能量，展现教育的社会价值。这种能力体现了教师对社会的深刻关怀与主动担当，是教师感悟幸福的重要组成部分。

教师可以通过学术交流、教师培训、公开讲座等形式，分享自己的专业知识和教学经验，促进教育领域的知识共享。

作为工作室主持人，带领团队，在研修伙伴们同行下，乘风破浪，开创一番"事业"这个过程，则是一种前所未有的挑战。主持人担任教练的角色，分享教育理念，带领更多教师共读、共研、共进，可以充分发挥工作室"塔楼"的功能，既为教师专业发展提供精神家园，又为教师实现教学研合一的生活方式提供载体，为地区教育发展作出贡献。

教师可以参与教育扶贫项目，通过支教、远程教育等手段，教师不仅能够直接传授知识，还能通过与当地教师的交流与合作，提升当地教育的软实力，激发教育的内在活力。即使是最微弱的光，也能在孩子们的心中种下希望的种子，成为点燃他们梦想的火种。

结对带学，是通过教育资源丰富的地区与资源匮乏地区之间建立长期的常态的教育交流与合作关系。结对帮扶一位乡村老师，他遇到一些班级管理、教育教学问题，可以帮助他，带他用更高的、前沿的视角去处理问题，引领他专业成长。在结对新疆、西藏、贵州等地的老师，还能通过班级之间的联谊，让学生进行书信、视频的交流，促进跨地域的文化理解与认同，构建起全国范围内的教育与文化交流网络。

教师回馈社会，示范引领，让社会的每一个角落都充满教育的光芒，让成长的每一步都承载着爱与希望。这种双向奔赴的经历不仅能够提升教师的职业素养，还能够激发其内在的使命感，推动教育向更公平、更包容、更高质量的方向发展。

总结一下，教育需要向内的力量，成长需要向内的力量。向内的力量，来自内心深处的信念与追求，给予我们自身内在的觉醒与成长机会，让我们更加关注内心的感受与需求，对生活更加热爱，让每个看似平凡的教育日子，充满了无尽的惊喜与感动，向内探索、向内成长，真正地成为更好的自己。

向内的力量与外在的行为融合，就是这本书中15位教育工作者在不同岗位行走的见证。珍视这份向内的力量，珍视这份成长的能量，它是在成长中不断探索、不断学习的过程中逐渐积累起来的。它源于我们每一次的突破、每一次的超越，每一次的坚持与努力。每一次的挫折与失败，每一次的反思与总结，让我们在磨砺中变得更加坚韧、更加成熟，回到岗位做最好的老师，成为最好的自己。在以后的教育教学工作中，用它来激发自己的潜能，鼓足勇气，不断探索、不断超越，书写明亮而温暖的教育人生。

苏国庆

2024年8月于顺德